5 CONSEJOS PARA EMPEZAR

1) CÓMO RESOLVER LAS SOPA DE LETRAS

Los rompecabezas tienen un formato clásico:

- Las palabras se ocultan sin espacios ni guiones,...
- Orientación: Las palabras pueden escribirse hacia delante, hacia atrás, hacia arriba, hacia abajo o en diagonal (pueden estar invertidas).
- Las palabras pueden superponerse o cruzarse.

2) APRENDIZAJE ACTIVO

Junto a cada palabra hay un espacio para anotar la traducción. Para fomentar un aprendizaje activo, un **DICCIONARIO** al final de esta edición te permitirá comprobar y ampliar tus conocimientos. Busca y anota las traducciones, encuéntralas en el puzzle y añádelas a tu vocabulario!

3) MARCAR LAS PALABRAS

Puedes inventar tu propio sistema de marcado. ¿Quizás ya usas uno? También puedes, por ejemplo, marcar las palabras difíciles de encontrar con una cruz, las que te gustan con una estrella, las nuevas con un triángulo, las raras con un diamante, etc.

4) ESTRUCTURAR EL APRENDIZAJE

Esta edición ofrece un **CUADERNO DE NOTAS** muy práctico al final del libro. En vacaciones, de viaje o en casa, podrás organizar fácilmente tus nuevos conocimientos sin necesidad de un segundo cuaderno!

5) ¿HABÉIS TERMINADO TODAS LAS PARRILLAS?

En las últimas páginas de este libro, en la sección **DESAFÍO FINAL**, encontrarás un juego gratis!

¡Rápido y sencillo! Echa un vistazo a nuestra colección de libros de actividades para tu próximo momento de diversión y aprendizaje, ¡a sólo un clic de distancia!

Encuentre su próximo reto en:

BestActivityBooks.com/MiProximoLibro

En sus marcas, listos, ¡Ya!

¿Sabías que hay unas 7.000 lenguas diferentes en el mundo? Las palabras son preciosas.

Nos encantan los idiomas y hemos trabajado duro para crear libros de la más alta calidad para tí. ¿Nuestros ingredientes?

Una selección de temas adecuados para el aprendizaje, tres buenas porciones de entretenimiento, y luego añadimos una cucharada de palabras difíciles y una pizca de palabras raras. Los servimos con cariño y máxima diversión para que puedas resolver los mejores juegos de palabras y te diviertas aprendiendo!

Tu opinión es esencial. Puedes participar activamente en el éxito de este libro dejándonos un comentario. Nos encantaría saber qué es lo que más le ha gustado de esta edición.

Aquí hay un enlace rápido a tu página de pedidos:

BestBooksActivity.com/Opiniones50

Gracias por tu ayuda y diviértete!

Todo el equipo

1 - Agua

```
V J Y N T L J A M P E K O E P N
S I U K A J N A V A R A P S I A
N P P N K T T V B G O N I E Z V
F Z N A B T T V I P D A P U T O
M R A Z B O Š K I Š E L K L B D
И R E K E U N U L O L A P P C N
J V L A Ž N O S T I K T Y P S J
C E K T I P U V P Y R E P V N A
S N Z Z G P A N A S P R A A E V
R Ž Y E Z K D S U M V A V N G A
N A G A R U Z O G C A P A U A N
V L N S I O P N F F V T L S M J
Y V S A Z K N C V M A D P N A E
C G A L J J F K Y N B S O O E Y
G U G A E F C И H L B H P M P B
G C B T G K P V И Z B G A P V H
```

KANAL
TUŠ
ISPARAVANJA
GEJZIR
MRAZ
LED
VLAŽNOSTI
URAGAN
VLAŽNE
POPLAVA

JEZERO
KIŠE
MONSUN
SNEG
OKEANA
TALASA
PITKE
NAVODNJAVANJE
REKE
PARE

2 - Arqueología

```
J N A Y Z V K S A Y N G P R R U
K P N C A C I N B O R G E S E H
K Y H D B T S C A V C K L C L G
P L V A O Č A V I Ž A R T S I O
K I Z L R B J E K I T N A G K D
N T I M A V I P K E T K F L V I
G H A A V Z R M O S S N N T I N
F Z A R I F E E L T P C D F J E
Z C N H O U T S F P O E O R A O
B R G V U N S B I O R M R E B K
S G A N A L I Z A O A O A T F O
A J A И V M G J F M L C K A S
C I V I L I Z A C I J E R E P T
N E P O Z N A T Y L N O И J N I
P R O F E S O R F O S I L B K A
B U E L C H I M M N J I O O H R
```

ANALIZA

ANTIKE

GODINE

CIVILIZACIJE

POTOMAK

NEPOZNAT

TIM

ERE

PROCENA

EKSPERT

FOSIL

KOSTI

ISTRAŽIVAČ

MISTERIJA

OBJEKTE

ZABORAVIO

PROFESOR

RELIKVIJA

HRAM

GROBNICA

3 - Granja #2

```
F A D O T U S O K U A T D N C C
V Ć N R R K M G H U M C L K D P
E R P A A D A V I L K P U R O S
И V L T K P Č Ž K Z P U V J R G
V O Ć E T A E L I O Y J R O D O
H P P J O T J D Y V Š M P U T N
G B C N R K O V C E O N H И Z U
B P V G A A P R P G T T I P I R
J И V A B K P A S T I R I C A V
O D C J M E H R A N A P T N A N
A A E M A L B F P P F Š M R J P
I M L C A M V A U R C E U B U E
V O Ć N J A K R E L E N Y Z P N
R M T K F R B M P B A I Z V S G
A A I И K V C E R C Y C K Z R L
R V K E H I A R G A S E C S J H
```

FARMER	LAME
ŽIVOTINJE	KUKURUZ
JEČAM	OVCE
KOŠNICA	PASTIR
HRANA	PATKA
JAGNJE	LIVADA
VOĆE	TRAKTOR
AMBAR	PŠENICE
VOĆNJAK	POVRĆA
MLEKA	

4 - La Empresa

```
T R E N D O V E S R U S E R N K
I E J D O V Z I O R P L M I A P
N H T D D F P A N D I S H O P U
D P I I E J P P L J L C L M R F
U R N M L R I Z I C I U R O E D
S O O K G A R N P V O E K B D O
T F V R U T V И J P G И A A A N
R E A E M J B K P R I H O D K L
I S T A O I N V E S T I C I J A
J I I T G P O S A O K N T B B B
A O V I U J E D I N I C E I P O
V N N V Ć E G B A A J K M E K L
Y A E N N H O A K P D G L P B G
Y L L E O Z A P O S L E N J E C
I N U U S I P G T P O F U B И B
T I E P T A N C I B P K V F Y A
```

KVALITET	MOGUĆNOST
KREATIVNE	PROIZVOD
ODLUKA	PROFESIONALNI
ZAPOSLENJE	NAPREDAK
GLOBALNO	RESURSE
INDUSTRIJA	UGLED
PRIHOD	RIZICI
INOVATIVNE	TRENDOVE
INVESTICIJA	JEDINICE
POSAO	

5 - Aviones

```
G Y R K R S H L E F T S I P G M
A Z O D O R U C V A R P S O O O
E J D P U L D A G O P Z T S R T
A C R F A A Z U L Y G F O A I O
R T S L E T A N J A Z T R D V R
E S M Z E E V J Z E Y O I E O N
L O U O O K B A A V V L J R A E
E I P P S R J Z N V P I A K G B
P S P S A F H I U F A P S B F O
O B Y T I Z E D O A L N U I A N
R A O F И L Z R A L B Z T V N M
P L M P R C V V A V Y E A U R A
R И S J Y G V I S I N U D R M
P N V O D O N I K I N T U P U A
K O N S T R U K C I J A V I C Y
T U R B U L E N C I J E J C F K
```

VAZDUH
VISINU
VISINA
SLETANJA
ATMOSFERA
AVANTURA
NEBO
GORIVO
KONSTRUKCIJA
PRAVCU

DIZAJN
BALON
PROPELERA
VODONIK
ISTORIJA
MOTOR
PUTNIK
PILOT
POSADE
TURBULENCIJE

6 - Tipos de Cabello

```
P J A F U P L V R И R R P J Y N
L S S D I P D R F N D C B B T P
E A И Y C L P A E P L I M K U R
T V I G K K F P Y P I Y O Z A B
E A B P R R B E G P O S O И M B
N O M A N R C E K U A K E M Z G
I A P T A N A K L K V A B G K A
C Z L S D V A L E Ć A T E D U R
E J E A C L U L A L Ž A D O Y B
U Z T S S V C S C И D R B M I R
C E E A N A V I S C R K Z P A A
A M N L O R B E R S V И J B P O
P A I A E D U G O L O K N E L N
U L C T B Z R L A D K P Y H A H
S J A J N A C I D F O F R D V J
И N Z D Y H B L G D И S C Z A B
```

BEO
SJAJNA
ĆELAV
KRATAK
TANAK
SIVA
DEBEO
DUGO
BRAON
CRNA

TALASASTA
SREBRO
KOVRDŽAVA
LOKNE
PLAVA
ZDRAV
SUVA
MEKA
PLETENI
PLETENICE

7 - Ciencia Ficción

```
K  D  N  O  O  G  A  L  A  K  S  I  J  A  O  E
I  N  E  V  T  S  N  A  J  A  T  S  B  U  B  K
P  M  G  V  D  O  A  U  G  P  R  V  I  T  C  S
O  D  A  F  L  T  Č  И  K  Y  K  E  O  O  A  P
Ž  H  B  G  B  A  I  U  T  R  J  T  S  P  J  L
A  Y  Y  И  I  B  T  K  A  O  P  E  K  I  I  O
R  F  G  S  T  N  S  Y  F  B  R  T  O  J  G  Z
J  E  Z  H  P  B  A  R  N  O  L  E  P  E  O  I
A  K  B  A  C  V  T  R  E  T  D  N  A  G  L  J
B  T  Y  T  O  M  N  H  N  A  C  A  P  L  O  E
J  J  O  K  E  L  A  D  H  E  M  L  A  Y  N  H
C  I  I  M  G  J  F  K  C  G  I  P  B  N  H  O
M  H  O  L  S  P  R  O  R  O  Č  I  Š  T  E  S
C  Y  T  A  U  K  V  H  R  K  G  F  E  P  T  C
V  N  D  O  H  И  E  G  I  J  N  K  G  Z  K  B
E  K  S  T  R  E  M  N  E  J  I  Z  U  L  I  H
```

ATOMSKE
BIOSKOP
DALEKOJ
EKSPLOZIJE
EKSTREMNE
FANTASTIČAN
POŽAR
GALAKSIJA
ILUZIJE
IMAGINARNE

KNJIGE
TAJANSTVEN
SVET
PROROČIŠTE
PLANETE
REALNO
ROBOTA
TEHNOLOGIJA
UTOPIJE

8 - Granja #1

```
P L V J E H I G M T P И F L F L
O S И G R M И Y N V F V F Y V A
L K O Z A Č A N I R I P A P D E
J N O K A O V G I Z Z B B I V G
O M O G R A D E A T C I E L A C
P A V I R B U Đ L R J Z A E S I
R Č M P E T E L E P A K R A V A
I K P E A G O T Č O V C O J R P
V A T M D S A P P L O D E L C M
R L J E C M E A Y J D U S M T J
E B U S U T C N E E A A J E M G
D H H V И O Z P O U O A T Z U D
E U N A F D O O D I O B A L P I
U Y T O T I Z F O Y T Z Z A A T
S Y A A И C U M V K A D L L H D
I N A M Y V R A N A И B Z V E F
```

PČELA	MAČKA
POLJOPRIVREDE	SENO
VODA	MED
PIRINAČ	PAS
MAGARAC	PILE
KONJ	SEME
KOZA	TELE
POLJE	ZEMLJA
VRANA	KRAVA
ĐUBRIVA	OGRADE

9 - Camping

```
L  S  Z  V  R  K  A  A  K  K  L  И  O  H  H  И
J  O  J  V  I  K  O  K  K  A  K  S  V  A  P  D
Z  K  V  C  I  B  K  M  A  N  Y  H  G  P  S  B
K  T  M  R  J  M  L  И  P  U  H  E  T  C  U  M
K  S  M  A  M  I  L  P  A  A  M  E  R  P  O  M
D  R  V  E  Ć  A  Š  U  M  A  S  P  E  E  A  E
P  O  Ž  A  R  R  C  F  D  D  C  L  J  Y  K  S
C  K  J  И  L  U  A  A  F  O  L  A  N  И  И  E
E  K  E  H  T  T  P  A  J  R  S  N  E  A  B  C
R  G  Z  A  I  N  K  U  D  I  M  I  F  U  D  A
D  C  E  P  C  A  G  K  Y  R  V  N  M  I  K  P
T  L  R  C  I  V  Ć  R  U  P  R  E  Z  N  A  O
M  K  O  H  P  A  J  E  Š  E  Š  I  R  S  B  N
C  S  B  I  A  F  Z  S  S  S  J  H  N  E  I  O
N  D  T  K  Ž  I  V  O  T  I  N  J  E  K  N  K
E  И  K  N  P  Y  K  D  R  Z  V  E  L  T  E  V
```

ŽIVOTINJE
AVANTURA
DRVEĆA
ŠUMA
KOMPAS
KABINE
KANU
LOV
KONOPAC
OPREMA

POŽAR
VISEĆA
INSEKT
JEZERO
FENJER
MESEC
MAPA
PLANINE
PRIRODA
ŠEŠIR

10 - Fruta

```
B  T  L  P  E  O  V  K  Z  R  F  N  И  R  B
L  I  M  U  N  P  I  P  A  J  N  I  D  Z  I  P
P  J  F  E  I  Z  Š  H  D  J  B  P  V  N  U  M
I  O  I  B  L  A  N  G  N  H  S  F  B  V  N  A
И  O  M  И  A  A  J  J  E  A  D  I  O  T  L  N
E  N  L  O  M  T  E  K  Š  U  R  K  J  K  S  G
B  И  M  B  R  G  R  O  Ž  Đ  A  Y  P  E  O  O
E  K  R  N  A  K  U  B  A  J  O  R  A  V  Z
R  F  Z  E  C  N  N  И  N  M  P  D  C  S  V  P
R  Z  A  S  B  L  U  D  E  N  A  N  A  B  J  E
I  Z  I  K  S  Z  И  O  Ž  O  P  L  И  B  V  C
C  V  A  V  O  A  R  U  M  A  A  A  P  G  A  U
Y  P  R  E  K  I  V  I  B  V  J  L  H  S  E  R
R  H  A  R  O  A  A  И  S  L  A  P  O  A  Y  A
I  N  N  E  K  T  A  R  I  N  A  P  A  O  O  L
A  N  A  N  A  S  A  V  O  K  A  D  O  K  J  F
```

AVOKADO	JABUKA
KAJSIJE	BRESKVE
BERRI	DINJA
VIŠNJE	POMORANDŽA
PLAM	NEKTARINA
KOKOS	PAPAJA
MALINE	KRUŠKE
KIVI	ANANAS
LIMUN	BANANE
MANGO	GROŽĐA

11 - Geología

```
K V I P O C F L V E B Y B S V K
E O M T A L A И E R R Y F I U A
A S R C Y Y S J C O I D A K L L
T A L A T S I R K Z T Z O A K C
V S R И L I S O F I R I J M A I
B I A S B B V И H J S M S E N J
K O N T I N E N T E F M T N G U
B O R J C O A И G Y N I A K Y M
M M E N H C O L A A M M L I G И
J V V S T A L A K T I T A S U A
P L A T O E T E P G Z H G E И J
K E K M I N E R A L A A M L H O
Z E M L J O T R E S J S I I A P
K V A R C O S P A A A L T N C U
M O P F P H H I B E T O A E D A
U H J A J N T A V T P J L A V A
```

KISELINE
KALCIJUM
SLOJ
KAVERNA
KONTINENT
KORAL
KRISTALA
KVARC
EROZIJE
STALAKTIT

STALAGMITA
FOSIL
GEJZIR
LAVA
PLATO
MINERALA
KAMEN
SO
ZEMLJOTRES
VULKAN

12 - Álgebra

```
P  R  O  M  E  N  L  J  I  V  A  И  R  O  B  A
C  L  И  T  S  U  T  N  E  N  O  P  S  K  E  F
M  O  R  M  I  J  D  I  J  A  G  R  A  M  Y  U
F  V  I  Z  O  F  H  E  N  N  P  O  L  E  K  B
O  M  F  J  D  I  F  N  A  J  V  T  A  L  O  R
J  I  T  Z  F  S  E  R  M  A  N  K  Ž  B  L  O
F  R  A  K  C  I  J  A  I  R  O  A  N  O  I  J
R  L  L  E  K  J  N  E  Z  K  R  F  E  R  Č  A
M  E  U  S  И  Z  E  N  U  S  D  E  B  P  I  I
U  A  N  D  F  M  Š  I  D  E  U  M  Š  O  N  P
N  B  T  O  F  O  E  L  O  B  L  M  T  I  A  V
R  M  P  R  A  M  R  J  E  D  N  A  Č  I  N  A
P  A  E  P  I  Y  K  M  Z  A  G  R  A  D  A  U
D  E  M  C  R  C  N  U  U  K  A  K  H  D  C  И
B  L  D  R  D  V  A  E  Y  L  Y  U  Z  И  N  S
B  D  F  J  D  G  B  Z  И  C  U  S  M  B  A  V
```

KOLIČINA	BESKRAJNA
NULA	LINEARNE
DIJAGRAM	MATRICA
ODSEK	BROJ
JEDNAČINA	ZAGRADA
EKSPONENT	PROBLEM
FAKTOR	REŠI
LAŽNE	ODUZIMANJE
FORMULU	REŠENJE
FRAKCIJA	PROMENLJIVA

13 - Plantas

```
K  T  K  И  И  F  M  B  B  A  M  B  U  S  U  O
S  S  A  O  B  L  P  A  V  I  R  B  U  Đ  M  O
P  A  O  V  P  O  T  Š  B  P  E  T  J  Y  T  K
A  Y  B  E  M  R  G  T  R  D  P  M  B  A  S  V
I  H  A  P  E  E  E  A  Š  P  L  J  E  D  M  E
M  A  H  O  V  I  N  A  L  J  P  I  P  S  A  F
K  O  R  E  N  B  F  M  J  E  E  G  S  U  N  P
S  V  J  K  Ć  J  C  U  A  V  A  R  T  T  P  A
A  R  A  I  G  Š  P  Š  N  F  K  A  E  K  Z  S
K  D  A  N  A  G  I  B  E  R  R  I  V  A  K  U
R  G  J  A  L  G  E  L  V  R  U  P  C  K  B  L
A  N  H  T  A  F  Z  G  U  A  A  G  E  E  R  J
A  P  D  O  T  M  P  J  P  F  L  I  J  P  A  C
D  P  N  B  I  M  N  B  J  B  V  Y  M  Z  И  M
A  E  J  I  C  A  T  E  G  E  V  A  A  B  K  V
P  D  F  И  A  L  M  E  H  R  T  E  C  Z  H  K
```

GRM
DRVO
BAMBUS
BERRI
ŠUMA
BOTANIKE
KAKTUS
ĐUBRIVA
CVET
FLORE

LIŠĆE
PASULJ
BRŠLJAN
TRAVA
LIST
BAŠTA
MAHOVINA
LATICA
KOREN
VEGETACIJE

14 - Suministros de Arte

```
K G K G U M I C A A И P P I H I
S M A S T I L O И C G A A D P A
Z T N D N B J V L F C P M E F U
V S O C C O C B Y P A I F J P K
A O P L R J T E S C U R N E И U
Y N V P I E G N Z T U P S И F E
S V I C A C P T V F A L E P A K
G I M O L I A G И Y K L I P K V
I T Y A S G E R I J P G A T E O
T A M F N P U J E L K S T K T L
U E Z R N A D O V M J T G B Č O
N R A M B S D H P C A O B P E V
R K J P P T C J A O C K R H T Y
D N A K O E J L U U G A L J K Z
D D L G K L I R K A N V K F E A
S T S U P A A K V A R E L I A N
```

ULJE
AKRIL
AKVARELI
VODA
KLEJ
GUMICA
STALAK
UGALJ
KAMERA
ČETKE

BOJE
KREATIVNOST
IDEJE
OLOVKE
STO
PAPIR
PASTELA
LEPAK
STOLICA
MASTILO

15 - Negocio

```
I  R  P  P  T  A  G  K  M  P  N  G  B  L  S  E
N  G  A  B  U  M  E  C  V  O  H  L  K  G  H  N
V  G  P  I  G  O  N  E  L  S  O  P  A  Z  K  O
E  J  I  R  A  L  E  C  N  A  K  G  R  A  T  V
S  B  P  L  L  U  Z  M  N  O  C  P  E  F  R  A
T  F  C  U  D  P  P  P  V  T  B  O  J  A  O  C
I  A  A  P  S  Z  P  K  A  J  C  R  I  B  Š  P
C  V  A  L  U  T  E  J  J  B  J  E  R  R  K  O
I  K  L  R  O  B  E  A  I  B  U  Z  A  I  A  P
J  D  A  J  I  S  N  A  N  I  F  D  K  K  U
A  T  P  O  S  L  O  D  A  V  C  A  Ž  E  E  S
P  R  O  D  A  J  A  Y  P  V  A  O  A  E  E  T
K  И  P  U  R  E  J  I  M  O  N  O  K  E  T  S
R  A  D  N  J  U  C  K  O  E  G  A  D  K  A  V
D  I  L  C  E  J  I  C  K  A  S  N  A  R  T  P
D  O  F  T  O  S  O  F  V  E  A  U  Y  И  R  Z
```

KARIJERA	POREZ
TROŠKA	INVESTICIJA
POPUST	ROBE
NOVAC	VALUTE
EKONOMIJE	KANCELARIJE
ZAPOSLENOG	BUDŽET
POSLODAVCA	RADNJU
KOMPANIJA	POSAO
FABRIKE	TRANSAKCIJE
FINANSIJA	PRODAJA

16 - Jardín

```
C A B T G G J K J F И F B M T K
K Z J B P L D A L E T H N G F V
S U M P D O E D D S Z S D M D G
B И U D R V B V G R M E И B J J
K T A K V V O R O K A C R E C S
B L A S O P H Ć G P И T S U O N
O G R A D E A M N P O T L A K B
G R A B L J E S D J M Y И V V E
G D T Z И Y A K K B A T Š A B T
B P A P U L K H P H J K A R R E
T V P И K G T G F V L D Y T F R
U M O V E R C A Y I M U P Z D A
N I L O P M A R T S E C V E T S
V U V B E P V A A E Z O P G F A
U T C O V N F Ž A Ć T H T R E M
L P H A V M U A K A J N V A R T
```

GRM
DRVO
KLUPA
TRAVNJAK
JEZERU
CVET
GARAŽA
VISEĆA
TRAVA
VOĆNJAK

BAŠTA
KOROV
CREVO
LOPATA
TREM
GRABLJE
ZEMLJA
TERASA
TRAMPOLIN
OGRADE

17 - Países #2

```
B Y D L F T R Y A R U S I J A S
A R F S J C G O И A D H I A B I
A U S T R A L I J A K F T U Z R
G Y J O O И N B E O E V U S U I
A И B E J I P O I T E B D T K J
T L И A L A G U T R O P K R R E
И B B E I И M G H B E E M I A B
C G B A D H A A I R S K A J J D
L C O И N T S C J P J S C A I A
M U S C A I O U Z K P U A Y N N
E K Č R G T J R D F A C M A A S
K P B K U B I A T A G N D Z I K
S L A O S K B K И H N A P A J A
I I N D O N E Z I J A R A Y O Z
K P A K I S T A N V G F V P A P
O Y J B Y L T T U B J G H R G O
```

ALBANIJA	JAPAN
AUSTRALIJA	LAOS
AUSTRIJA	MEKSIKO
DANSKA	PAKISTAN
ETIOPIJE	PORTUGAL
FRANCUSKE	RUSIJA
GRČKE	SIRIJE
INDONEZIJA	SUDAN
IRSKA	UKRAJINA
JAMAJKA	UGANDI

18 - Números

```
G K P G G F P J U P P K B V A O
P E T N A E S T E S E D A V D J
A R B E C K T R I N A E S T C O
R M U T P P V F U I V K J F И F
I A P P D J M R U N D D R J A P
R D E C I M A L N E R N E A O B
T E S E D Č E T R N A E S T O I
O S A M N A E S T S E A N S E Š
D I E P G L J N A N Č C A E N J
V V R A A U D E V E T E A Š C V
A E L T N N A H O N U Y T O O Z
N U A I V M B G S O A K A I I Z
A R J G O A A И A E R V D H R C
E A V T M U Y D M Z P F U T A I
S T O L И C T S E A N T E V E D
T A U N M K B G V S P U K C C M
```

ČETRNAEST

NULA

PET

ČETIRI

DECIMALNE

DEVETNAEST

OSAMNAEST

ŠESNAEST

SEDAMNAEST

DESET

DVANAEST

DVA

DEVET

OSAM

PETNAEST

ŠEST

SEDAM

TRINAEST

TRI

DVADESET

19 - Física

```
H И M E O M U F O R M U L U H H
K R H L M I B O И P A S G P A R
Y B K E K H R O T O M Y Z A O E
M A A K I A Z G G A S C I L S L
E Z Y T A A A U U J C M A P S A
H E N R И E N C P S Y P P G A T
A J K O J F J A J F T M H T N I
N I P N C L E S A M A I D P L V
I C M A G N E T I Z A M N K A N
K A T O M M O L E K U L A E Z O
E T F R E K V E N C I J A S R S
Y I L I S K U H E M I J S K E T
Z V N U K L E A R N E D D L V N
K A C I T S E Č B R Z I N E I N
D R J R R T I A B A K P O G N L
F G N V T U P G E H Z C M K U R
```

UBRZANJE	MASE
ATOM	MEHANIKE
HAOS	MOLEKUL
GUSTINE	MOTOR
ELEKTRON	NUKLEARNE
FORMULU	ČESTICA
FREKVENCIJA	HEMIJSKE
GAS	RELATIVNOST
GRAVITACIJE	UNIVERZALNA
MAGNETIZAM	BRZINE

20 - Belleza

```
U P K V B G O K N E S G I V J L
C L J O P D L Š B И T R H S O O
R P J V Z E A A K A I Z N M F K
E A A A I M D R G H L N P Y O N
Z И B K V H E M M И I И Z H T E
T Ž F P K H L T R C S J N A O O
Y U J C F E G C I O T U И J G P
P R O I Z V O D I K A B S J E Š
D E G R E J S N P I A Ž O K N M
Š A M P O N A T N A G E L E I I
E L E G A N C I J U U M V T И N
M A S K A R A A J N S A D G A K
A M J V K C F P S A L K N O N A
J J Z O B I D E V V U A K G I A
B K T C B I И A B K G Z H C P L
M I R I S C B V G A E E R N C
```

ULJA   MIRIS

ŠAMPON   GREJS

BOJA   ŠMINKA

KOZMETIKA KOŽA

ELEGANCIJU RUŽ

ELEGANTAN PROIZVODI

ŠARM   LOKNE

OGLEDALO   MASKARA

STILISTA   USLUGE

FOTOGENИAN MAKAZE

21 - Países #1

```
K F И P U N L H V N J K B P A I
I Y E B I K I O M Y D A E L A M
A M G M N F Z K T J R N L I T P
F S J T D D A O A A O A G B P O
N I O E I G R R P R D D I I A L
G H L A J G B A I T A A J J N J
V A B I A N Y M G M V G I A A S
M P J Y P E E E E A K Y V S M K
A D U C Z I M M J L E T F A A A
J I T Z Y E N I A I D N I R E D
I T A L I J A I T Č D P O U C P
N O R V E Š K A A J K J E D D J
A N I T N E G R A A D A C N P R
P V E N E C U E L A R Y S O N U
Š S R A G K V C D F O E F H P N
M R A I S A D S E U L O G F N U
```

NEMAČKA
ARGENTINA
BELGIJI
BRAZIL
KANADA
EKVADOR
EGIPAT
ŠPANIJA
FILIPINI
HONDURAS

INDIJA
ITALIJA
LIBIJA
MALI
MAROKO
NIKARAGVA
NORVEŠKA
PANAMA
POLJSKA
VENECUELA

22 - Mitología

```
B  R  H  K  G  O  R  R  R  V  M  U  U  И  L  L
A  E  Z  E  J  N  U  M  A  S  E  B  E  N  A  J
P  J  S  J  R  P  N  S  A  T  E  V  S  O  V  U
И  N  C  M  A  O  I  T  I  H  N  Z  T  P  I  B
I  E  B  L  R  C  J  L  C  A  P  I  R  B  R  O
A  R  F  I  U  T  I  S  N  A  G  E  K  K  I  M
P  O  P  K  T  I  N  T  R  M  S  T  P  A  N  O
E  V  E  D  L  A  F  O  A  N  R  Š  O  T  T  R
C  T  J  S  U  J  R  A  S  A  P  I  N  A  Y  E
H  S  N  F  K  N  P  L  K  T  U  V  A  S  V  P
M  N  A  R  H  E  T  I  P  Z  A  O  Š  T  P  C
N  L  R  F  D  R  N  V  T  P  H  D  A  R  P  A
P  T  A  D  N  E  G  E  L  C  R  U  N  O  K  H
P  L  V  L  C  V  O  P  B  K  N  Č  J  F  F  T
I  E  T  N  P  U  O  U  L  F  F  S  E  E  H  N
H  E  S  G  R  M  L  J  A  V  I  N  A  Y  A  B
```

ARHETIP	RATNIK
LJUBOMORE	HEROJ
NEBESA	BESMRTNOST
PONAŠANJE	LAVIRINT
STVARANJE	LEGENDA
UVERENJA	ČUDOVIŠTE
STVORENJE	SMRTNI
KULTURA	MUNJE
KATASTROFE	GRMLJAVINA
SNAGE	OSVETA

23 - Ecología

```
E  D  И  C  M  T  A  P  R  P  V  H  G  F  I  Z
M  O  Č  V  A  R  A  Y  A  D  E  F  Z  I  F  A
R  P  V  K  P  B  V  Z  Z  G  B  G  И  Z  A  J
G  R  O  Y  Y  Z  И  Y  L  V  T  U  P  J  M  E
P  I  L  H  T  S  O  K  I  L  O  N  Z  A  R  D
G  R  O  P  I  H  F  K  Č  U  E  O  A  A  G  N
R  O  N  V  E  K  J  L  I  B  V  L  P  F  S  I
S  D  T  M  D  A  S  E  T  Š  I  N  A  T  S  C
T  N  E  N  A  N  I  R  E  N  U  A  F  L  F  E
R  O  R  И  M  A  P  A  O  N  L  A  B  O  L  G
A  E  A  Z  E  T  S  R  V  M  D  M  K  D  O  L
V  Š  S  H  H  S  B  V  I  K  F  I  D  P  R  O
K  U  D  U  F  P  B  F  P  R  G  L  T  A  E  O
Z  S  I  H  R  O  G  R  И  T  O  K  N  P  E  A
E  Z  B  J  L  S  Y  U  I  O  P  D  E  S  F  K
O  D  R  Ž  I  V  E  И  T  F  S  T  A  Y  L  A
```

KLIMA	PRIRODA
ZAJEDNICE	MOČVARA
RAZNOLIKOST	BILJKE
VRSTE	RESURSE
FAUNE	SUŠE
FLORE	ODRŽIV
GLOBALNO	OPSTANAK
STANIŠTE	RAZLIČITE
MORSKIH	VOLONTERA
PRIRODNO	

24 - Casa

```
U C A L I K O G R A D E M G C G
N Z A A T A R V Y T H S I J Y L
Z K A M Y I S O B S R M D U E C
K Y F P P R V G V P O G C A P E
D M D A A A Z L K O Z B B S H A
F И Y T H U S I P D O P I F F P
A P Y Š C P C S C R R R T Z O C
K S L A V I N A B U P B P I V P
Š U T B N F T C N M B O C P R M
Y N H A U P J D G T U B S S Z E
M A I I И N G I N T P A G C J T
Z V P V N I M A K Y B D A N U L
A A E M M J B T H M P Y R A S A
E T T L O L A D E L G O A Z T Y
O F Y A A I L H Z P N S Ž I J O
B I B L I O T E K E C A A D J Z
```

TEPIH
TAVANU
BIBLIOTEKE
KAMIN
KUHINJA
SOBI
TUŠ
METLA
OGLEDALO
GARAŽA

SLAVINA
BAŠTA
LAMPA
ZID
POD
VRATA
PODRUM
KROV
OGRADE
PROZOR

25 - Artes Visuales

```
J R S K И U H L V S T A L A K R
U E L H R T G C U I S C H N S L
Y M I M Y E C A E M J A T F O A
O E K I H L D S L D R U S P A A
L K A G F U H E Z J D E O M A R
O D R L K U N F A L G T N L K U
V E S I G J Z V V U E H V P A T
K L T N P E R S P E K T I V E K
A O V E F I L M P R Š A T S K E
I H O G M I O S O U A V A A I T
H V R P T A A P R T B O E S M I
A K K O T S P N T P L S R T A H
B И S J H B A P R L O A K A R R
U M E T N I K D E U N K F V E A
E V V J J K R U T K U E B D K Z
P Z C V D J B H U S V G K E И H
```

GLINE
ARHITEKTURA
UMETNIK
LAK
STALAK
UGALJ
VOSAK
KERAMIKE
SASTAV
KREATIVNOST

SKULPTURE
OLOVKA
REMEK-DELO
FILM
PERSPEKTIVE
SLIKARSTVO
ŠABLON
PORTRET
KREDE

26 - Salud y Bienestar #2

```
H N K K T U Y И O S L P E S V E
Z D R A V P S T I T E P A S D N
S P C T V P G S V I T A M I N E
T Y E E U A И E K I T E N E G R
R K J Ž M A R L K K G C T H G G
E G I I H A A O G A V K L J N I
S И G N M S C B P S L V A B A J
M G R A V M P N G O L O Y V D A
F H E A N A T O M I J E R B G L
B O L N I C A T M S K N U I P O
D H A Z E D I J E T A F L D J Y
B N I Z A J E Z G C Ž A B V J A
I N F E K C I J E V A R E N J E
I S H R A N E G U E S K K R V F
D O V И F L C G I O A P G L U Y
A O S K L D T G T H M B D R K B
```

ALERGIJE	HIGIJENE
ANATOMIJE	BOLNICA
APETIT	INFEKCIJE
KALORIJA	MASAŽA
DIJETA	ISHRANE
VARENJE	TEŽINA
ENERGIJA	OPORAVAK
BOLEST	ZDRAV
STRES	KRV
GENETIKE	VITAMIN

27 - Selva Tropical

```
B  R  U  E  M  P  B  P  O  Z  V  C  D  K  Z  I
O  E  I  C  A  L  B  O  G  P  L  E  A  L  B  H
T  S  T  I  H  E  A  F  H  Z  S  B  B  I  P  N
A  T  K  T  O  O  A  Z  I  S  K  T  Z  M  U  F
N  A  E  P  V  S  I  S  A  R  A  S  A  A  V  T
I  U  S  H  I  T  A  V  O  T  Š  O  P  N  И  S
Č  R  P  N  H  I  N  O  T  H  O  T  U  A  O
K  A  I  V  A  Z  A  J  E  D  N  I  C  A  D  K
I  C  J  H  O  K  E  F  T  И  B  A  B  O  I
R  I  M  I  G  D  K  M  S  T  F  D  V  O  R  L
I  J  O  L  N  K  O  I  R  H  U  U  J  A  I  O
B  A  G  M  A  E  V  Z  V  И  A  M  D  A  R  N
O  Č  U  V  A  N  J  E  E  N  D  E  R  V  P  Z
D  Ž  U  N  G  L  I  Y  D  M  A  P  И  G  J  A
N  J  V  D  I  S  L  Z  N  U  C  F  A  И  M  R
N  R  F  R  S  T  И  Y  E  T  Š  I  Č  O  T  U
```

VODOZEMCI
BOTANIČKI
KLIMA
ZAJEDNICA
RAZNOLIKOST
VRSTE
AUTOHTONIH
INSEKTI
SISARA
MAHOVINA

PRIRODA
OBLACI
PTICE
OČUVANJE
UTOČIŠTE
POŠTOVATI
RESTAURACIJA
DŽUNGLI
OPSTANAK
VREDNE

28 - Adjetivos #1

```
O H A T S B Y I T M Z K G J B O
G B O S V E T A O E L M T Y T Z
R T N V R E D N E N Š A K И A B
O P Č P D I A G E T H K D V S I
M Y I E S B И Z K U C N A E A L
A P T A C P A T C L J A R L V J
N N A R E D O M A O I Š Y I R A
T A M N O I N M P S O U B K Š N
Y Z O S N I V E N P B D E A E V
B O R P Ž S U D V A V O I A N F
H I A O A A T F K S V K Y A O H
B C O R V G A R L U D I T P P O
B I E O P N E R O S P L T B S Z
O B M Y A R S K M L N E R K S I
K M A V Z B C V A R K V N B A R
N A A T R A K T I V N E L F L G
```

APSOLUTNE	VAŽNO
AKTIVAN	NEVIN
AMBICIOZAN	MLAD
AROMATIČNO	SPORO
ATRAKTIVNE	MODERAN
SVETAO	TAMNO
OGROMAN	SAVRŠENO
VELIKODUŠAN	TEŠKA
VELIKA	OZBILJAN
ISKREN	VREDNE

29 - Familia

```
A Z I K L G B U A B K Ž L B B D
Y A B J S O R S U P R U G A A E
U F J P F J A K T E T M C S K T
N R R A Z R T A A N P F T И A I
T C F U И G T Đ J P B Y E M P N
A A H G C F S O S J N L B L K J
N B U G H M A R E V Y S A U R S
I E D E D A S J P M G E T E D T
D B Ć A U V E A N P F S A P B V
H E J A L O V O T I K T H O P A
T I C И K T N I A A K R E Ć I I
D E Y A A A P C G Z Y A P G B U
P И H P D C И M R E L N Ć K O J
L T D Z E Y H U N U K A M E A A
N G M Y R M A J K A D И B Y N K
G P U J P O И M A J Č I N S K E
```

BAKA	MAJČINSKE
DEDA	UNUK
PREDAK	DETE
SUPRUGA	DECA
SESTRA	OTAC
BRAT	ROĐAK
ĆERKA	NEĆAKINJA
DETINJSTVA	NEĆAK
MAJKA	TETKA
MUŽ	UJAK

30 - Disciplinas Científicas

```
G  F  A  V  Y  I  O  Z  N  L  G  I  A  S  B  G
A  H  Y  J  E  P  J  И  E  I  E  R  R  U  И  P
B  L  S  M  P  A  P  V  U  N  O  E  H  Z  H  A
T  O  C  V  Y  R  S  B  R  G  L  K  E  O  E  E
E  A  T  O  A  D  A  J  O  V  O  O  O  M  F
R  S  P  A  T  E  И  E  L  I  G  L  L  L  I  I
M  T  S  B  N  J  R  P  O  S  I  O  O  O  J  Z
O  R  I  I  I  E  L  G  T  J  G  G  G  E  I
D  O  H  O  Y  G  K  O  I  I  E  I  I  J  O
I  N  O  L  H  O  I  E  J  K  S  J  J  J  I  L
N  O  L  O  Y  L  N  И  E  E  D  E  E  E  M  O
A  M  O  G  G  O  A  N  A  T  O  M  I  J  E  G
M  I  G  I  B  N  H  H  И  R  C  T  G  H  H  I
I  J  I  J  C  U  E  Y  J  T  H  Z  I  H  O  J
K  E  J  E  C  M  M  U  R  S  D  И  H  A  I  E
E  Y  E  E  J  I  G  O  L  O  I  C  O  S  B  C
```

ANATOMIJE
ARHEOLOGIJE
ASTRONOMIJE
BIOLOGIJE
BIOHEMIJE
BOTANIKE
EKOLOGIJE
FIZIOLOGIJE
GEOLOGIJE

IMUNOLOGIJE
LINGVISTIKE
MEHANIKE
NEUROLOGIJE
PSIHOLOGIJE
HEMIJE
SOCIOLOGIJE
TERMODINAMIKE
ZOOLOGIJE

31 - Cocina

```
Z  A  Č  I  N  I  J  J  E  K  Š  U  J  L  I  V
Č  I  N  I  J  U  P  P  T  A  N  O  O  L  Z  P
O  A  T  E  G  L  U  Y  P  P  E  V  L  E  J  K
D  T  V  L  И  D  J  R  P  K  S  I  P  J  H  Y
R  E  K  I  Š  A  K  M  S  U  N  Đ  E  R  E  Z
B  V  P  Ć  Z  F  F  F  R  I  Ž  I  D  E  R  F
T  L  J  I  J  R  H  S  B  P  U  V  P  F  P  R
L  A  И  P  Z  D  M  A  G  T  V  A  J  B  L  M
J  S  A  A  Н  И  H  A  N  A  R  H  U  D  R  R
S  B  I  T  R  H  T  J  Z  И  A  M  T  N  O  E
V  E  J  Š  P  R  A  L  P  P  I  G  B  I  Š  R
A  C  S  P  N  Y  И  E  R  E  C  E  P  T  T  N
M  I  A  U  V  V  A  C  N  O  Ž  E  V  I  I  A
U  K  H  Y  F  R  T  E  H  И  N  J  T  P  L  R
L  И  Y  E  B  A  Č  K  I  N  J  A  Č  U  J  E
I  D  L  I  D  T  L  O  N  C  A  E  C  K  V  U
```

ČAJNIK	VRČ
HRANA	ŠTAPIĆI
ZAMRZIVAČ	ROŠTILJ
KAŠIKE	RECEPT
LONCA	FRIŽIDER
NOŽEVI	SALVETA
KECELJA	TEGLU
ZAČINI	ŠOLJE
SUNĐER	ČINIJU
RERNA	VILJUŠKE

32 - Moda

```
S  C  F  T  R  T  И  O  P  U  K  S  V  D  M  V
K  C  A  Z  A  R  B  O  S  F  Z  O  V  U  I  U
R  K  N  U  Ć  E  D  O  T  N  P  F  A  G  N  Y
O  Z  I  G  A  N  C  F  E  K  P  I  Č  M  I  E
M  C  N  T  V  D  R  V  N  V  K  S  L  A  M  L
A  M  A  P  U  H  S  O  L  C  N  T  U  D  A  E
N  E  K  V  J  B  D  E  A  E  A  I  L  N  L  G
B  R  T  E  P  I  H  B  N  N  V  C  L  N  I  A
P  E  R  Z  S  T  I  L  I  Č  A  I  E  I  S  N
L  R  V  S  Y  K  P  Y  G  I  T  R  A  D  T  T
A  U  I  U  P  U  Y  E  I  T  S  A  E  S  A  A
Z  T  A  P  R  A  J  J  R  K  O  N  H  D  B  N
A  S  B  Y  P  O  L  T  O  A  N  O  O  T  O  A
Y  K  D  E  C  E  Y  O  R  R  D  N  F  T  U  M
I  E  P  E  Z  T  G  B  F  P  E  И  K  E  P  M
T  T  U  F  B  G  I  R  C  R  J  J  И  L  L  K
```

VEZ	SKROMAN
DUGMAD	ORIGINALNE
BUTIK	OBRAZAC
SKUPO	PRAKTIČNE
ELEGANTAN	ODEĆU
ČIPKE	JEDNOSTAVAN
STIL	SOFISTICIRAN
MERE	TKANINA
MINIMALISTA	TREND
MODERAN	TEKSTURE

33 - Electricidad

```
T M I D R G L G L J И V C A G P
I B N Z P G A L D K R O J S K F
P U O O U H И F A N I Č I L O K
O G F J A G И I S S B Y M Y U I
B N E G A T I V N E E P T E C И
J G L C T D K N O N R L C E V
E E E P I T S I J A L I C A V C
K N T K N Ž T E L E V I Z I J A
T E B A C I N Č I T U Z N L U C
E R A B И P E B Y Z B P H И O E
L A T L H F E L E K T R I Č N I
A T E T Š I D A L K S M V D J I
M O R M A G N E T F J S R P H E
P R I P O U R A Č I R T K E L E
A Y J P O Z I T I V N O Y E Ž И
Y K E T O S B G O P R E M A M A
```

SKLADIŠTE
BATERIJE
SIJALICA
KABL
ŽICE
KOLIČINA
ELEKTRIČAR
ELEKTRIČNI
UTIČNICA
OPREMA

GENERATOR
MAGNET
LAMPA
LASER
NEGATIVNE
OBJEKTE
POZITIVNO
MREŽA
TELEVIZIJA
TELEFON

34 - Salud y Bienestar #1

```
F M P V U D T H R N I T J Z A Z
E И O I N Z K H A N O M R O H
A S C F C S P G C V A A R Y T P
R K L N B И I A I I G P P M P Y
U E T F I P И N D K L O I G T J
O L L I J P L N A A A T P U R K
S F Z A V L E K A R D E G N M L
T E E M K A J I R E T K A B H O
A R H I O S N N L E K E J U Y K
V A G A C T A K O Ž A Ć I Š I M
K L I N I C I C H И C D P U V O
T R E T M A N S I A D T A J R L
V I R U S S H S Z J E L R R Z E
K O S T I H Y C A I A A E U A R
Z O S D D P D C J G И S T A H P
B F U C P И G L Z K L O O P K H
```

AKTIVAN	KOSTI
VISINA	LEK
BAKTERIJA	MIŠIĆA
KLINICI	KOŽA
LEKAR	STAV
APOTEKE	REFLEKS
PRELOM	RELAKSACIJA
GLAD	TERAPIJA
NAVIKA	TRETMAN
HORMONA	VIRUS

35 - Adjetivos #2

```
J  E  S  T  I  V  O  Z  H  P  F  M  P  P  Z  P
O  R  P  A  N  G  Y  K  D  M  O  N  И  R  A  R
O  Z  P  N  S  E  E  R  I  R  L  N  L  I  N  O
L  A  H  Z  I  V  L  E  N  M  A  D  R  R  I  D
A  B  S  O  P  P  E  A  O  N  И  V  A  O  M  U
A  C  K  P  O  Y  G  T  R  A  O  A  И  D  L  K
V  M  F  G  O  P  A  I  M  Č  N  V  J  N  J  T
U  M  O  R  A  N  N  V  A  I  E  J  A  O  I  I
S  V  E  Ž  E  V  T  N  L  T  J  C  A  G  V  V
И  Y  O  И  Z  T  A  E  N  A  N  S  H  K  O  N
F  R  C  P  C  E  N  G  O  M  I  S  K  Y  N  I
P  O  N  O  S  N  I  M  H  A  Č  R  R  R  A  R
O  D  G  O  V  O  R  A  N  R  A  O  N  E  L  Y
M  T  J  A  Z  K  G  T  P  D  Z  J  H  C  S  F
P  M  J  V  P  L  M  A  P  И  Z  H  A  I  J  E
F  B  M  G  J  Z  G  T  C  J  F  H  Z  P  G  K
```

UMORAN	PRIRODNO
JESTIVO	NORMALNO
KREATIVNE	NOVA
OPISNI	PONOSNI
DRAMATIČAN	ZAČINJENO
ELEGANTAN	PRODUKTIVNI
POZNAT	ODGOVORAN
SVEŽE	SLANO
JAK	ZDRAV
ZANIMLJIVO	SUVA

36 - Cuerpo Humano

```
M P И O P O M K V I C C L R M U
R U K A R L I R R Z U A L B O Z
S G И Z S O N K A Z O M G H E A
K O H N T V A O T V J K V K A K
O N K U A U G L N J L K O Ž A Y
Č B J Z B M L E M A R A U S T A
N B A V G F A N U P P F K U O D
I C A M R I V O M Z P E L A G K
Z P И B A I A A Y N M И D O T R
G O H Z D M H D O P H K N O K V
L E E L K A D И A M N J C I U N
O E P O I H R Y C I F E T G G D
B C V T K C C S S T H Z J F K L
B R A D A O E E I S N I C N P G
U S L G B S E И Y O T K Z P H H
J H L T F A T A U P V H P M G B
```

BRADA   JEZIK
USTA   RUKA
GLAVA   NOS
LICE   OKO
MOZAK   UVO
LAKAT   KOŽA
SRCE   NOGU
VRAT   KOLENO
PRST   KRV
RAME   SKOČNI ZGLOB

37 - Calentamiento Global

```
J И A B G P O D A T A K A P V B
И Z E T N E Z I R K D I M O M U
T G K J D D N C U M A P I S M D
A K Š O L O K E J O L V L L E U
M G U V H G N Y R Z V K K E Đ Ć
A Z S Z P R V Y V A N V E D U N
Z G I A R C P Y S J C N M I N O
L A B R C O L I D I H I И C A S
S M G O K I C F N R G H J E R T
V A J I G R E N E T U O C E O D
D N D R O K D M B S M G A S D U
E O Z A D I N B F U R J M I N Y
P K I N Č U A N K D M A N U I D
J A V И U H T B K N Y G I Z F S
L Z G B I B A A K I U M P G C S
A R K T I K J Y K P A Ž N J A R
```

SADA
EKOLOŠKA
PAŽNJA
ARKTIK
NAUČNIK
KLIMA
POSLEDICE
KRIZE
PODATAKA

RAZVOJ
ENERGIJA
BUDUĆNOST
GAS
GENERACIJE
VLADA
INDUSTRIJA
MEĐUNARODNI
ZAKONA

38 - Ciencia

```
M H E G P A F T I A L F E S B L
E E J Z V R L Y L D B S V A U A
T M I K V L I S O F Z P O K J B
O I C I V E M R D J F P L B O O
D J A L U K E L O M T A U J C R
V S T V G J C G U D V L C B D A
B K I N V L I F D O A M I L K T
Y E V R R I T A T O M H J A F O
H P A E B B S N F O F P E D E R
D V R Z H L E E L H C I Z C R I
L T G K I N Č U A N R D Z T U J
U F G N P A M E Z E T O P I H A
C V A Z J O R G A N I Z M A K M
S T V A R I G A V L A N И U R E
E K S P E R I M E N T P D K Z A
P O D A T A K A L A R E N I M P
```

ATOM	HIPOTEZE
NAUČNIK	LABORATORIJA
KLIMA	METOD
PODATAKA	MINERALA
EVOLUCIJE	MOLEKULA
EKSPERIMENT	PRIRODA
FIZIKE	ORGANIZMA
FOSIL	ČESTICE
GRAVITACIJE	BILJKE
STVARI	HEMIJSKE

39 - Restaurante #2

```
V O R F A L E Z H O C Y F A L K
O O P E Ć R V O P I I E A N R E
D J G Ć Z И D S I T C A B B E L
A R P O K A J A J O N S U K U N
Z A I V A R N O Y R D G R P N E
К И K B Š E I C A T R T Y H A R
S U P A I Č A L I A P I B H P I
V Y V P K E A E O V S S B Z I V
U P A И A V Z D M L A K B E T Z
A B D A V I L J U Š K A S O A A
C Y D C R Z F D S И A P U S K Č
G S T O L I C A A R U Č A K O I
V F B L E E T T L K S D P B C N
L V S Z P N P Z A R C A E K K I
A Z C A P F Y H T J K O L U C G
Z H I I Y M C K A N Y J Y G S C
```

VODA
RUČAK
NAPITAK
KELNER
VEČERA
KAŠIKA
UKUSNO
SALATA
ZAČINI
REZANCI

VOĆE
LED
JAJA
TORTA
RIBE
SO
STOLICA
SUPA
VILJUŠKA
POVRĆE

40 - Profesiones #1

```
N T V E M A G A G A H I B B B P
S A D A R T S E S D V Y И A Z L
F K U O T K B R L E K A R N L E
P O A Č T R V К И R V T E K A S
F V P R N G O L O E G T N A T A
C D B G I I D G S H L S E R A Č
C A S B N T K U A H U E R C R I
U P A P P Z H L R S T P T A Z C
H Y N B J S O G B E A F R F G A
S P O R T I S T A Y D C A V O L
A M B A S A D O R D O N Č H L L
H F G R D A T S I N A J I P O P
K A R T O G R A F D Z T Z K H J
V E T E R I N A R G I S U T I N
A S T R O N O M E B C P M P S P
G U Z E C V P N T U U U O U P M
```

ADVOKAT
ASTRONOM
SPORTISTA
PLESAČICA
BANKAR
VATROGASAC
KARTOGRAF
LOVAC
NAUČNIK
LEKAR

UREDNIK
AMBASADOR
SESTRA
TRENER
GEOLOG
ZLATAR
MUZIČAR
PIJANISTA
PSIHOLOG
VETERINAR

41 - Vehículos

```
A A A D A L F P R P Y L L P B L
V S V D Z И K O A P V T N S C I
P H J I A A P D B E Z D D J F A
И G I M O J L M V O Z И B T M J
M E T R O N V O J Š A T L G H L
H I T N U C S R O T K A R T A P
A T I H B P D N P U C C L A И R
M A Z L E A И I S P L A V O T Y
T A K S I L O C O G P M U T K B
R A K E T A I E И U Z A K A E G
K A R A V A N K P M И Č A J J J
P A O F Z L A F O E B V M C A T
A U T O B U S R P P H J I T R S
B Y O P F I G P A A T Z O I T A
T H M I E B I C I K L E N K A P
F A E Y V G K L G G D A R T И M
```

HITNU
AUTOBUS
AVION
SPLAV
ČAMAC
BICIKL
KAMION
KARAVAN
KOLA
RAKETA

TRAJEKT
HELIKOPTER
ŠATL
METRO
MOTOR
GUME
PODMORNICE
TAKSI
TRAKTOR
VOZ

42 - Geometría

```
R R A H P A M Y Z S L N U T A L
R C K G R A T T O I N O A G U И
D H J R E V I R K M F O G V C K
U A I Z Č N E J J E C C L I D P
B E E E N L A K I T R E V A K Y
E B L Y I F S G M R A L H I S E
M A S E K K Y U J I Z N E M I D
P K N U Č A R B O J M J J P B S
B A N I S I V M S A E E I R R H
V L R U Š S R D V S D D R O O O
A K F A M R U N R C I N O C J O
И У И E L И V L D R J A E E Z C
T N E M G E S O M M A Č T N И T
U K S A И G L O P G N I E A K F
T R O U G A O N L C A N J T P M
D L R P R J A U I U I A B A I J
```

VISINA	BROJ
UGAO	PARALELNI
OBRAČUN	PROCENAT
KRIVE	SEGMENT
PREČNIK	SIMETRIJA
DIMENZIJU	POVRŠINA
JEDNAČINA	TEORIJE
LOGIKE	TROUGAO
MASE	VERTIKALNE
MEDIJANA	

43 - Vacaciones #2

```
N  J  B  F  A  E  T  L  H  Z  E  H  O  P  D  F
A  D  И  И  T  H  Y  I  K  R  И  R  N  A  K  O
S  J  F  Š  E  O  И  I  I  Y  O  T  L  S  F  T
P  U  N  A  R  O  T  S  E  R  Y  Z  A  O  M  O
T  P  F  T  O  N  Z  K  J  V  Z  P  E  Š  R  G
G  S  R  O  M  D  O  A  N  M  H  O  T  E  L  R
K  M  T  R  S  O  V  T  A  Y  A  Z  N  J  A  A
S  J  C  V  T  B  E  P  V  V  T  P  F  I  F  F
V  L  S  I  R  O  R  U  O  I  T  A  A  C  B  I
K  O  Ž  A  L  P  V  T  Z  C  T  R  A  И  J
F  R  Z  M  N  S  F  O  U  A  И  H  Y  V  A  E
D  N  V  D  I  G  T  N  P  I  I  O  A  R  E  P
G  S  F  Z  S  O  S  T  R  V  O  R  O  E  P  T
J  F  V  Z  P  E  J  D  O  P  И  B  G  Z  P  L
E  J  R  И  A  O  D  R  E  D  I  Š  T  E  G  И
R  E  C  H  A  A  E  R  O  D  R  O  M  R  A  F
```

AERODROM
ŠATOR
ODREDIŠTE
STRANI
FOTOGRAFIJE
HOTEL
OSTRVO
MAPA
MORE
SLOBODNO

PASOŠ
PLAŽA
REZERVACIJE
RESTORAN
TAKSI
PREVOZ
VOZ
ODMOR
PUTOVANJE
VIZA

44 - Matemáticas

```
V O L U M E N O E P F R G S M C
N E B G D P I D K E C A E A R G
O M E B R L K B S R И D O R Z P
S E I O P A S E P I D I M I K B
G O N V A R P U O M U J E T B S
D O L G L T R F N E U U T M P U
P J E U A D D D E T T S R E E S
O O L I V K P S N A R P I T И I
F R A K C I J A T R O N J I A M
T E R K G N G V H S U H E K N E
M E A A Č A O V B G Z L A O T
S A P B B E E L A J A Y V O G R
E F M I Z R И G P G O N O B I I
D S E Y K P F U L J V P O I L J
D D N R D E C I M A L N E M O A
T Z D K I N O A G U O V A R P H
```

ARITMETIKA	PARALELNI
UGLOVA	PERIMETAR
OBIM	UPRAVNO
DECIMALNE	POLIGONA
PREČNIK	RADIJUS
SFERI	PRAVOUGAONIK
EKSPONENT	SIMETRIJA
FRAKCIJA	TROUGAO
GEOMETRIJE	VOLUMEN

45 - Profesiones #2

```
D O A A E T Z Z E A K V F Z B L
O E D B R M U O E P U J Y S A I
H R T O И O Z O U B P L A L Š N
A A O E F K A L G R G E H I T G
T K L Č K O Z O P T B T O K O V
U E I A H T T G L M F I F A V I
A T P V C F I O C O P Č O R A S
N O V I N A R V G S G U Z L N T
O I O Ž K S P V F R R B O H O A
R L A A F E I I D L A B L N P G
T B D R C C P D И M K F I Z Z R
S I K T Z U E D G J E C F Y M U
A B T S E P R O N A L A Z A Č R
K P T I I N Ž E N J E R T Z J I
E V K O I B M S R И Y P E K D H
I L U S T R A T O R A B U Z N Z
```

ASTRONAUTA
BIBLIOTEKAR
BIOLOG
HIRURG
ZUBAR
DETEKTIV
FILOZOF
FOTOGRAF
ILUSTRATOR
INŽENJER

PRONALAZAČ
ISTRAŽIVAČ
BAŠTOVAN
LINGVISTA
LEKAR
NOVINAR
PILOT
SLIKAR
UČITELJ
ZOOLOG

46 - Senderismo

```
Z И O F E S Č I P P K K L I M A
H A Z P P F I L K O A D O V H U
E И M H G M Z T P L M N F R P O
N E L E H U M R B O P S V И Y U
И N A I R H E T O Ž O U A A F V
D I V L J A O D U A V N L A E Z
K N A A P R K P И J A C U I S Z
U A G R O A L Š B A N E I Č B A
G L M N B M L I E R J A C I Z Y
R P K E M F T V Z T E D R D V D
И И E J N I T O V I Ž O A O F Z
I E N S P J G Z C M N R M V M L
O K F P F H E P И A Z I O J E U
P A R K O V A P G S P R K C B R
P K Y F T И R A M E R P I R P R
C J S F И A T S R T D P O F M U
```

KLIF

VODA

ŽIVOTINJE

ČIZME

KAMPOVANJE

UMORAN

KLIMA

SAMIT

VODIČI

MAPA

PLANINE

KOMARCI

PRIRODA

POLOŽAJ

PARKOVA

TEŠKA

KAMENJE

PRIPREMA

DIVLJA

SUNCE

47 - Naturaleza

```
Ž I V O T I N J E I A N A Z A G
P U S T I N J I A F K D G P R L
V I T A L N I N S O D H E Č K E
T И S R S C G U A V O Y J E T Č
E F V F H O C K F E Ć Š I L I E
A N N S H K B J B D O B Z E K R
M V U L P O C L N P V G O K Z O
N A J L V I D H A M U Š R E O S
I T G M S R И P Č C Z N E R P P
C O И L G E T Š I L I T E V S O
A P D O A K P A M K C B K V И K
C E P P E S B J A N C A P K D O
U L I T C P Y K N A C F K B C J
U P S Z N O N R I M J O V P E A
Z L P Y P R C U D A H O P A Z N
O P S Y E T Š I N O L K S L T J
```

PČELE	MAGLA
ŽIVOTINJE	OBLACI
ARKTIK	MIRNO
LEPOTA	SKLONIŠTE
ŠUMA	REKE
PUSTINJI	DIVLJA
DINAMIČAN	SVETILIŠTE
EROZIJE	SPOKOJAN
LIŠĆE	TROPSKE
GLEČER	VITALNI

48 - Conduciendo

```
I F Z G A A B O G N L S S P U T
P P K F P K U H P Y V I A A L U
R M F G T A P A M C S G O I I N
K S F S K M R M И P U U B И C E
G A S E C I N Č O K B R R U I L
V A I T S O N S A P O N A P G A
P Z S L P N V M A H T O Ć L A O
A O U A S O P I R E U S A G O Z
V V L S V T S L R J A T J A T K
F E A I D A U I И O L U A R C M
L R E U C N E C I L G H K A R U
K P T C S I M O T O R L D Ž R O
F R A G E Z J И A A P N O A H P
Z И И R B R E A Ć E R S E N K P
P E Š A K B A U T H R K N C I L
T Z J A G И Y O P M L R B C G M
```

NESREĆA
AUTOBUS
ULICI
KAMION
KOLA
GORIVO
KOČNICE
GARAŽA
GAS
LICENCU

MAPA
MOTOR
PEŠAK
OPASNOST
POLICIJA
SIGURNOST
PREVOZ
SAOBRAĆAJA
TUNEL
BRZINA

49 - Ballet

```
T H A P H И D Y E C A O B A P P
P L E S A Č A B Ž E V R A Z U F
Y V T Z I J N F A A M K L E B I
K Z M C I Z A I U J H E E P L Z
O Z I E B O R P K I K S R M I R
M F Š A O U D A L F P T I L K A
P G I D E T F H P A S A N O E Ž
O T Ć M U Z I K A R U R A Y T A
Z E A A A G P P N И Z C Y G J
I H O T S E G V I O J A U И H A
T N M I L Y U Z T E F G F C H N
O I M R K C M F Š R L D B A K U
R K P G P P F P E O T P S T I L
O A G F O P R J V K J L P M И
S O L O I N T E N Z I T E T L Z
U M E T N I Č K E L F I M Z G U
```

APLAUZ
UMETNIČKE
PUBLIKE
BALERINA
PLESAČA
KOMPOZITOR
KOREOGRAFIJA
PROBE
STIL
IZRAŽAJAN

GEST
VEŠTINA
INTENZITET
MIŠIĆA
MUZIKA
ORKESTAR
VEŽBA
RITAM
SOLO
TEHNIKA

50 - Fuerza y Gravedad

```
O V H M N O J P P O R V T A A Z
P R O A V T S J O V S T И O T B
L J B Z A F B E M E R V A A V Z
A A J I Z N A P S K E J P F M R
N C P T T I N Z A C V P I M O И
E I H E N U I C T P O K R E T U
T T A N L A Z R E V I N U B P C
E U И G I H R F Ž I P O L H N O
J P M A U И B B I T Y A S M D M
A O C M Y C F V N B L G K G R U
C N S J P A D N A Č I M A N I D
U D A L J E N O S T U P Y I A G
U P R I T I S A K C E N T A R D
O T K R I Ć E K I N A H E M A Z
T R E N J A F I Z I K E Z E Z C
Y I P C T K D H M S T И S U U
```

CENTAR
OTKRIĆE
DINAMIČAN
UDALJENOST
OSE
EKSPANZIJA
FIZIKE
TRENJA
UTICAJ
MAGNETIZAM

MEHANIKE
POKRETU
ORBITU
TEŽINA
PLANETE
PRITISAK
SVOJSTVA
VREME
UNIVERZALNA
BRZINA

51 - Aventura

```
P O N Y N E O B I Č N O L E P N
J C P I H A O B P B U G И I R A
I Z N E N A Đ U J U Ć E M R O V
J P N E T Š I D E R D O C M G I
L T S O N V I T K A H P T E R G
E Y F O R T S O N R U G I S A A
T И R P P A U T E Š K O Ć E M C
A S N A Š A D Z O N P M P P H I
J Z K V S Z P O I S E B V U R J
I T P Y S A I O S J G E U T A U
R P R I P R E M A T A Y N U B T
P F P T J O U P D F T Z A J R I
O P A S A N J I G A O S A E O A
E K S K U R Z I J E P C A M S S
B N O V A I Y B G P E И A L T P
G E S P R I R O D A L A E Y E Z
```

AKTIVNOST
RADOST
PRIJATELJI
LEPOTA
ODREDIŠTE
TEŠKOĆE
ENTUZIJAZAM
EKSKURZIJE
NEOBIČNO
PROGRAM

PRIRODA
NAVIGACIJU
NOVA
ŠANSA
OPASAN
PRIPREMA
SIGURNOST
IZNENAĐUJUĆE
HRABROST
PUTUJE

52 - Pájaros

```
N S U И V N B P C I K Z Z G V J
A O G Z R P P E J A J D A O U R
K K J D A M V L L M O L D L S B
U O A A P D B I P A T K A U C P
T S G K C I T K A C G N C B K N
B K A S A Z P A H I O A D Y V N
C F P U P L A N I V G N I P P I
J G A G G I И R И A N A R V Y P
K Z P J P F Y A Z K I H E R O N
Y G C C R N Y F I U M P И И E C
I V И H V J K U B K A D R E A I
R C R Y C И D P V P L Y J F J F
P I L E T A K R P O F J O R Y F
L E V A T M K O A R O O F O M И
A T B I F A Z D Y C D D A Z U J
L A B U D R U A F O M B V N J Z
```

NOJA

ORAO

RODA

LABUD

KUKAVICA

VRANA

FLAMINGO

GUSKA

HERON

GALEB

VRAPCA

SOKO

JAJE

PAPAGAJ

GOLUB

PATKA

PELIKAN

PINGVIN

PILE

TUKAN

53 - Geografía

```
I И H D Y B A Z A V A B A M R V
C V S И R A I E R O M P M O E I
S P O N R J U M K S V L E A G S
Z A P A D Z M L Z E D A R G I I
V P L J U G B J Z R R N I N O N
I A V T N N O U Y E P I D A N U
E M R H A S V E T F A N I K A T
A K H И N K R S L S K E J O F E
G G V V R Y T D H I N Z A N S R
E V V A D K S F M M C P N T P I
E O U D T J O U R E S F E I A T
A T H Y L O P D M H Z K F N Z O
V J C H V C R R F Z G D M E J R
Y Z K V N L E K S R K P C N R I
C G E J M V I S I N A D U T Z J
S G И S E V E R S Z S D Z M E E
```

VISINU
ATLAS
GRAD
KONTINENT
EKVATOR
VISINA
HEMISFERE
OSTRVO
MAPA
MORE

MERIDIJAN
PLANINE
SVET
SEVER
ZAPAD
ZEMLJU
REGIONA
REKE
JUG
TERITORIJE

54 - Música

```
S N I M A N J E K Č I N S E P I
H A R M O N I J E O P E R E N N
P E A R A A A F T P H K A N M S
A Č G K T C P J M I Č L Č B T
P M I O K I A V E M I B I S R
G S Z O N I Č R B T P Z U S E U
A E U L O L A O A L R U M A P M
M M M И M I V H L N O M P L M E
O E И I R P E P A Z V B D K R N
S L L И A Y P Y D S I A P S I T
O O A H H M I P A F Z R G U G Z
R D F K P P H V K P U D C G R P
D I Y U O G G D M P J H K I Z Y
P E V A M V U F G R E И Y A P H
C Y A N O F O R K I M T T Y A G
P G M P E R A H A A S B G U H J
```

HARMONIJE	INSTRUMENT
HARMONIKA	MELODI
ALBUM	MIKROFON
BALADA	MUZIČKE
PEVAČICA	MUZIČAR
PEVAM	OPERE
KLASIČNE	PESNIČKE
HOR	RITAM
SNIMANJE	TEMPO
IMPROVIZUJEM	VOKAL

55 - Enfermedad

```
S O C N S O I V Z G Z C T L T T
I A K E C R S P L A D P Y R И R
N Z C U U P R K P B R И Z P L B
D G L R S T R J V P Y A L R D U
R E O O L E T C P K И E Z A L Š
O N B P G Y И P L U Ć N E N U N
M E A A B Y G I D L Y Y N A E J
L T N T L L R F O A T O Č L J A
F S L I T S O K L P M K I E L C
T K R J E L L A T U V И N R V I
P E U A T D U B T И R Z O G A O
R E S P I R A T O R N A R I R N
G L T E N L A B M U L A H J D N
R M B P U V E L L N E S S E Z F
H T M L M N A S L E D N E G Y T
M T I B I T E R A P I J A F K G
```

TRBUŠNJACI
ALERGIJE
VELLNESS
ZARAZNE
SRCE
HRONIČNE
TELO
SLAB
GENETSKE
NASLEDNE

KOSTI
UPALU
IMUNITET
LUMBALNE
NEUROPATIJA
PLUĆNE
RESPIRATORNA
ZDRAVLJE
SINDROM
TERAPIJA

56 - Actividades

```
Z  Š  И  B  Y  E  J  I  F  A  R  G  O  T  O  F
N  A  I  P  D  F  D  M  R  N  E  I  M  I  P  B
P  I  N  V  K  M  T  U  K  I  L  S  A  H  B  A
L  Y  O  A  E  F  Y  V  L  T  A  U  G  P  Z  Š
T  C  O  A  T  N  P  N  T  Š  K  S  I  R  A  T
B  E  M  V  F  A  J  K  B  E  S  A  J  I  D  O
I  G  R  E  M  A  P  E  I  V  A  I  A  B  O  V
S  E  E  K  I  M  A  R  E  K  C  L  O  V  V  A
L  O  K  A  M  U  V  S  J  F  I  I  A  I  O  N
O  F  T  O  D  И  M  V  N  A  J  F  K  N  L  S
B  C  E  H  R  P  S  E  A  P  A  V  N  T  J  T
O  I  N  P  A  N  D  L  T  P  D  D  Z  E  S  V
D  V  O  L  O  B  I  R  I  N  T  O  C  R  T  O
N  I  G  V  H  S  S  J  Č  R  O  P  F  E  V  C
O  I  A  K  T  I  V  N  O  S  T  S  L  S  O  A
L  S  Z  G  N  V  Y  H  I  A  P  F  T  E  P  M
```

AKTIVNOST
UMETNOST
ZANATA
LOV
KERAMIKE
ŠIVENJE
FOTOGRAFIJE
VEŠTINA
INTERESE
BAŠTOVANSTVO

IGRE
ČITANJE
MAGIJA
SLOBODNO
RIBOLOV
SLIKU
ZADOVOLJSTVO
RELAKSACIJA
ZAGONETKE

57 - Verduras

```
P  R  R  E  L  E  C  C  M  Ć  R  E  P  A  R  K
A  V  O  I  A  O  A  Z  J  A  D  A  R  A  P  R
T  D  T  C  T  H  L  J  T  N  S  C  H  N  C  A
L  H  K  U  L  P  S  F  O  A  L  L  T  P  U  S
I  E  V  E  D  N  U  B  E  P  G  P  I  G  F  T
D  Š  I  Đ  U  M  B  I  R  S  V  L  A  N  D  A
Ž  A  C  Y  P  F  P  L  I  S  A  D  J  C  A  V
A  R  A  J  D  E  V  O  P  C  A  M  E  I  F  A
N  G  K  J  И  E  H  K  M  P  H  L  V  K  V  C
N  A  Š  B  K  D  Z  O  O  E  L  U  A  I  P  A
D  R  A  B  U  V  J  R  R  R  T  O  C  T  I  I
Y  E  R  K  C  J  S  B  K  Š  A  O  U  L  A  C
S  P  G  M  V  R  И  V  I  U  И  M  I  O  D  Z
T  A  Z  N  B  S  M  M  B  N  D  D  D  S  A  J
B  E  L  I  L  U  K  A  R  T  I  Č  O  K  E  N
C  D  O  И  I  P  K  M  J  O  M  O  P  P  E  A
```

BELI LUK	ĐUMBIR
ARTIČOKE	REPA
CELER	MASLINA
PATLIDŽAN	KROMPIR
BROKOLI	KRASTAVAC
BUNDEVE	PERŠUN
LUK	ROTKVICA
SALATA	GLJIVA
SPANAĆ	PARADAJZ
GRAŠKA	ŠARGAREPA

58 - Instrumentos Musicales

```
V U M U M N O F O S K A S Y V T
B A N I L O D N A M C P E F I F
A Š A R U B M A T O B O U V O V
T B V V K M K N V P E B K M L H
A Z U A Y O L A A O P A B T O D
K A G B V R V U D K O A L Z N F
P U T D A T Y C H F I S J K Č R
J K И U P N E U R O H I L L E G
T R U B A T J P E Ž K A D A L O
C Z E K J L A R A D U C M R O N
S A F O A F F H U N I L O I V G
M I R R Z A S R H E S I C N T H
A R A T I G S B Z B Z U P E V И
P N H И H O V P B R T N J T H Y
L T B A M T H A R M O N I K A H
T S T M S И И Z P K L A V I R O
```

HARMONIKA
HARFE
BENDŽO
BATAK
KLARINET
FAGOT
FLAUTA
GONG
GITARA
MANDOLINA

OBOU
TAMBURAŠA
UDARALJKE
KLAVIR
SAKSOFON
BUBANJ
TROMBON
TRUBA
VIOLINU
VIOLONČELO

59 - Formas

```
K H G S D N L E H O G K И U V M
K R P I R A M I D E V U U I S H
V E I G D L P V B C P A G U R K
A P L V A O F P F I R K L A I M
D N K O E B A F N V A C C N O M
R Y Y A R R U K J I V O G O E H
A И C D R E И A A Z O K R G E U
T U N C L P R T Z F U G R I V B
R M P Y U I Z D S V G G I L V M
V Y V T K H G E F O A G U O R T
C I L I N D A R E N O O Z P O F
P R I Z M E T G R U N T R J N S
C I D S S M L A I Z I M M H S Z
P K Y M A И S E N G K M F O S N
J V C E И R E D J S T R A N A V
Z B И F T R U E L I P S E Y V E
```

LUK
IVICE
CILINDAR
KRUG
KLIP
KVADRAT
KOCKA
KRIVE
ELIPSE
SFERI

UGAO
HIPERBOLA
STRANA
RED
OVALNE
PIRAMIDE
POLIGONA
PRIZME
PRAVOUGAONIK
TROUGAO

60 - Flores

```
P Y M A U F C H E P R O L B Y A
G P A C P L U M E R I J A C T U
O R H I D E J A L L T H H K N T
P A S S I O N F L O V E R R A A
D J C R A V C B И A J N N B M
E I A I L I L O И I F I Z S U И
J N A S T C G Ž E T D L J U K M
Z E C U M A F U O И V O O N E A
I D L K C I L R J B P N R C T S
A R A S E D N A V A L G G O G L
M A L I E Z F Z E I P A O K C A
A G A B F L Y R P A A M V R U Č
T A V I F A H U V U F S A E G A
O E P H S O O Ž C S A T N T R K
P Z R S D A V A D E T E L I N A
P P V F U Z Y C И M G P K F I R
```

MAKA
MASLAČAK
GARDENIJA
SUNCOKRET
HIBISKUS
JASMIN
LAVANDE
JORGOVAN
LILI
MAGNOLIJE

DEJZI
ORHIDEJA
PASSIONFLOVER
BOŽUR
LATICA
PLUMERIJA
BUKET
RUŽA
DETELINA
LALA

61 - Astronomía

```
R  I  M  E  V  S  A  P  C  J  F  L  И  R  U  A
A  A  T  U  A  N  O  R  T  S  A  L  B  H  L  S
E  J  V  K  A  N  B  M  I  P  C  E  A  P  G  T
M  N  P  N  G  A  E  E  L  M  L  B  V  O  E  E
A  E  И  C  O  K  N  P  E  E  A  A  O  K  D  R
S  Č  S  R  E  D  R  I  T  T  E  C  N  S  N  O
T  A  P  E  И  N  N  P  A  E  L  F  R  E  J  I
R  R  O  J  C  G  T  E  S  O  Y  P  E  L  T  D
O  Z  M  L  M  D  O  B  V  R  P  J  P  E  I  E
N  P  R  M  M  P  E  G  P  N  P  G  U  T  R  G
O  V  A  E  T  A  L  И  F  L  I  L  S  B  A  E
M  A  Č  Z  K  O  S  M  O  S  T  C  S  A  K  P
M  P  E  H  S  A  Z  V  E  Ž  Đ  E  A  F  E  O
U  K  N  T  K  P  F  T  И  C  N  S  A  P  T  I
O  A  J  I  S  K  A  L  A  G  L  I  M  T  A  L
I  D  E  O  P  S  E  R  V  A  T  O  R  I  J  E
```

ASTEROID	MESEC
ASTRONAUTA	METEOR
ASTRONOM	OPSERVATORIJE
NEBO	PLANETE
RAKETA	ZRAČENJA
SAZVEŽĐE	SATELIT
KOSMOS	SUPERNOVA
POMRAČENJE	TELESKOP
RAVNODNEVNICA	ZEMLJE
GALAKSIJA	SVEMIR

62 - Tiempo

```
B O R M J O F Y E M B L I J R L
И U A J Y E I J O K I O V U M S
K U D C Y K H S Y H P N B Č V L
Z R N U R N F И P R E A U E O T
S T E Ć M J E И H I D A T K A
I N L A T N Z L U H L F O N A R
R H A N I D O G F Y G P F O H S
Z S K E V T R S A N A D N Ć N F
B A A L D P T J T T D M E P Z V
E M T E P U U V V J Z E D Z B S
A B U Z H P J K M R F S E Y P A
E E N D E C E N I J E E L I P D
Y M E J N Š I D O G J C J R T A
I S R L R M P O D N E A A Z P I
M I T D D O A P A I L R A M Y F
S Z И A O F S H A A E R U A A Z
```

SADA
PRE
GODIŠNJE
GODINA
JUČE
KALENDAR
DECENIJE
DAN
BUDUĆNOST
SAT

DANAS
JUTRO
PODNE
MESECA
MINUT
TRENUTAK
NOĆ
NEDELJA
VEK
RANO

63 - Paisajes

```
T A U N J O B И D E C D J D H L
V U S E E P L T B S B V L G R E
U I N I L O D H Z C B D U B K D
L M L D C V V E N P U Y M S A E
K O A A R P O L U O S T R V O N
A R G P F E N I N A L P M J H O
N E U O B Z N P D B U I A И G G
I K N D I G V I J N I T S U P B
R A E O U T C R Ć S O P P I G R
E U И V P S Y L И E V J U N L E
K T Š J E Z E R O F P A A M E G
E D I Ć M C T И G E J Z I R Č A
L O I O A O S T R V O M D Z E P
Z M L L L F M H T M F A D E R E
P L A Ž A R A V Č O M O A Z E T
O D T E H V P I S O S T I G O N
```

VODOPAD
PEĆINE
PUSTINJI
UŠĆA
GEJZIR
GLEČER
LEDENOG BREGA
OSTRVO
JEZERO
LAGUNE

MORE
PLANINE
OAZE
MOČVARA
POLUOSTRVO
PLAŽA
REKE
TUNDRE
DOLINI
VULKAN

64 - Días y Meses

```
J  R  U  Z  J  Y  J  B  J  R  I  K  R  I  Y  A
M  A  С  И  V  U  C  E  C  B  K  A  R  O  T  U
E  B  N  C  R  N  L  I  R  P  A  L  G  T  G  O
S  M  Č  U  N  И  S  R  E  D  A  E  L  P  C  K
E  E  E  D  A  P  E  T  A  K  J  N  T  K  K  T
C  V  T  E  K  R  J  N  A  J  L  D  U  A  F  O
A  O  V  C  L  Y  P  O  R  Z  E  A  U  J  O  B
Y  N  R  E  A  L  P  O  H  Y  D  R  E  L  A  A
R  Y  T  M  H  C  R  A  B  M  E  T  P  E  S  R
P  Z  A  B  P  N  U  A  H  A  N  Y  G  D  V  J
D  N  K  A  U  J  O  F  T  P  P  M  И  E  A  A
Z  S  I  R  B  P  U  T  B  A  N  P  E  N  K  F
F  E  B  R  U  A  R  R  И  O  A  M  P  O  L  L
G  O  D  I  N  A  G  N  A  C  F  C  E  P  J  A
D  P  N  V  F  U  P  Z  S  U  B  O  T  A  P  K
A  V  G  U  S  T  C  U  A  P  A  N  A  B  R  I
```

APRIL	JUN
AVGUST	PONEDELJAK
GODINA	UTORAK
KALENDAR	MESECA
DECEMBAR	SREDA
SUBOTA	NOVEMBAR
JANUAR	OKTOBAR
FEBRUAR	NEDELJA
ČETVRTAK	SEPTEMBAR
JUL	PETAK

65 - Biología

```
C P V Z M И Z O K A P O Z H F S
S G A M O P V E S P A N I S O I
E V O L U C I J E M P K J A T M
K O L A G E N A E I O T R N O B
H F I J H K P P J Z S Z Z E S I
R E P T I L R A N N D E E R I O
L I A O A J I T N E O D S V N Z
B S I S A R R K M A A P P A T E
R A U P I K O N U H T J U S E И
P J K E И И D M T R E O R T Z L
Y B N T K V N A A O M K M A A O
V E T J E E O D C M B R U I M J
I E K И H R T S I O R G P N J P
Ć E L I J U I M J Z I H P R R E
H O R M O N C J E O O O G C I A
P R O T E I N A A M N O R U E N
```

ANATOMIJE	SISAR
BAKTERIJA	MUTACIJE
ĆELIJU	PRIRODNO
KOLAGENA	NERVA
HROMOZOM	NEURON
EMBRION	OSMOZE
ENZIM	PROTEINA
EVOLUCIJE	REPTIL
FOTOSINTEZA	SIMBIOZE
HORMON	SINAPSE

66 - Jardinería

```
F R N D K P M Y J G P K R S T F
G C P И O I R Z Z F Y F V E I A
B D Y Z N V I L T C P A E Z B E
O O V I T S E J J K V K L O A N
T I L K E I G R G A F E Y N V Č
A D O V J V A N C J V Ć T S U I
N K C G N G L I J N H Š F K K T
I Z M O E R V I H Ć P I T I Z O
Č T S A R F I C Y O A L P I R Z
K V R S T E N G O V A A O A N G
I H Z E N R T S O P M O K M E E
M И E B U K E T K L I S T F M M
Z E M H M L V A H C L J T И N E
A O L Y D D C D F B K F H L R S
C S J G R R N N O S E S E I G Y
G E A N H И A O O O E C G N S V
```

VODA	CVETNI
BOTANIČKI	LIŠĆE
KLIMA	LIST
JESTIVO	VOĆNJAK
KOMPOST	VLAGE
KONTEJNER	CREVO
VRSTE	BUKET
SEZONSKI	SEME
EGZOTIČNE	PRLJAVŠTINE
CVET	ZEMLJA

67 - Barbacoas

```
S O H I G V P D R U V E T J P K
O N N F M E P Z U P E Z D P J J
S O O G V P G T S O Č T G I R D
H R Ž U U И A Y G M E O Z L G M
L S E B M U Z I K A R N T E G M
D E V T I N F T A S A F C A T T
E A I B A B O G G E Ć U R V Y C
C A K K U L E P A R A D A J Z Z
A F C A T A A R C G T Z A G K H
T V E Č S R K S I I R K P L U E
I N Y U V O Z N D O P J U P G P
J T L R O Š H D O J L D T Y F T
U N A P Ć T L S R N E V B Z T L
P M И S E I Y C O V T I Y I E U
K И R P T L J S P C O D A R D Z
O D G V L J P O V R Ć E M И M L
```

RUČAK	MUZIKA
VRUĆE	DECA
LUK	ROŠTILJ
VEČERA	BIBER
NOŽEVI	PILE
SALATE	SO
PORODICA	SOS
VOĆE	PARADAJZ
GLAD	LETO
IGRE	POVRĆE

68 - Ropa

```
P A N T A L O N E S K T A K P V
P D R D J C A J L U Š O K E L Z
F O Y R C F S Š G K D Y T C O K
T M J C N A K I T N J Š I E T H
N E M A Ž D I P U J A E O L P D
N И O S S K A U Z A K Š L J I S
P S F O O M A M K K N I C A J K
D Ž E M P E R P C K U R Y V K J
И N L T M C B I U H A L J I N A
T U A G L I L R S T P V M P A D
H K D И H V U N A R U K V I C A
R И N D N A Z B S I K N P И D L
T U A P V K A C I L R G O K I E
D L S G C U И F I B K T H P K P
I V L P M R E I Z C L L P T E I
O K G A H G U P M N U A Y K A C
```

KAPUT
BLUZA
ŠAL
KOŠULJA
JAKNU
POJAS
OGRLICA
KECELJA
SUKNJA
RUKAVICE

NAKIT
MODA
PANTALONE
PIDŽAME
NARUKVICA
SANDALE
ŠEŠIR
DŽEMPER
HALJINA
CIPELA

69 - Meditación

```
N P D H A I I Z Y L M U R M Z K
T E A I T M A F I J M I B B H G
Y R E V S G T U C U H S И И M
S S U J O A D R A B R I M L I E
P P E K N J N E B A N T R F I N
R E L U L I L J F Z O I D S P T
I K D F A C T N E N P M J H Z A
H T A C V O I A G O R A G F J L
V I B D H M L R F S A D Ž V Z N
A V O L A E J T T T J O U N G E
T E Y L Z A G A I E A R V B J Z
A B S T A V P M Š R S I M P T A
N M U Z I K A S I K N R N B J S
J E E A T C M O N O O P A T L P
E O V V R L Y P A P Ć D N G R H
S A O S E Ć A N J E E R R И I V
```

PRIHVATANJE	POKRET
PAŽNJA	MUZIKA
LJUBAZNOST	PRIRODA
MIRNO	POSMATRANJE
JASNOĆE	MIR
SAOSEĆANJE	MISLI
EMOCIJA	PERSPEKTIVE
ZAHVALNOST	STAV
MENTALNE	DISANJE
UM	TIŠINA

70 - Libros

```
D R O E V H A P A O R O T U A A
A D M N K U C I T K O A T A Č U
L I C Z N J Z J Z J M I C И I A
S E R I J A M S E P A P E A R P
T D O A G T S K E T N O K V P O
R K V R V A J I C K E L O K I E
A A G O E A Y E P B Z S K B N Z
G O U T J J N S F A B T U V V I
I E G A U N G T Z O N R D Č E J
Č V E R V U O E U D I A U I N E
N C P A P Y F S P R D N H T T Y
E K C N A M Y V T E A A O A I J
K N J I Ž E V N E B O F V Č V F
R E L E V A N T N O C H I A N R
E E I S T O R I J S K I T J I O
E S Y K P R E M E J A G K S J H
```

AUTOR	ČITAČ
AVANTURA	KNJIŽEVNE
KOLEKCIJA	NARATOR
KONTEKST	ROMAN
DVOJNOST	STRANA
NAPISAN	RELEVANTNO
PRIČA	PESMA
ISTORIJSKI	POEZIJE
DUHOVIT	SERIJA
INVENTIVNI	TRAGIČNE

71 - Los Medios de Comunicación

```
I  R  B  A  A  V  O  V  A  T  S  E  L  E  R  U
R  N  Y  D  F  B  M  N  O  D  J  F  O  J  H  P
M  A  D  P  S  F  S  A  L  K  A  E  K  N  G  G
K  S  S  U  L  P  O  G  N  I  F  P  A  A  M  E
J  И  Z  O  S  Z  G  T  A  L  N  F  L  R  P  N
J  A  V  N  I  T  H  F  O  A  R  E  N  I  P  L
P  N  S  P  P  Z  R  S  И  G  S  J  I  S  E  A
B  R  S  F  Y  K  O  I  D  A  R  N  N  N  C  U
A  R  B  P  V  E  A  C  J  J  T  A  E  A  I  T
M  I  Š  L  J  E  N  J  E  A  D  D  F  N  N  K
D  I  G  I  T  A  L  N  I  D  H  Z  N  I  E  E
O  B  R  A  Z  O  V  A  N  J  E  I  O  F  J  L
K  O  M  E  R  C  I  J  A  L  N  I  V  M  N  E
Č  A  S  O  P  I  S  I  M  A  O  H  I  N  I  T
K  O  M  U  N  I  K  A  C  I  J  A  N  E  Č  N
T  E  L  E  V  I  Z  I  J  A  A  Ž  E  R  M  I
```

STAVOVA	INDUSTRIJA
KOMERCIJALNI	INTELEKTUALNE
KOMUNIKACIJA	LOKALNI
DIGITALNI	MIŠLJENJE
IZDANJE	NOVINE
OBRAZOVANJE	JAVNI
ONLINE	RADIO
FINANSIRANJE	MREŽA
FOTOGRAFIJE	ČASOPISIMA
ČINJENICE	TELEVIZIJA

72 - Nutrición

```
G  S  S  Z  H  Z  E  L  Y  T  E  O  Y  J  H  C
B  V  O  A  D  M  И  O  V  C  E  O  T  A  D  F
E  T  S  U  T  R  V  Z  И  T  D  L  P  Y  U  A
P  Z  E  J  I  C  A  T  N  E  M  R  E  F  И  P
D  I  J  E  T  A  J  V  J  G  O  R  K  A  U  E
Z  C  И  C  R  R  I  D  L  E  F  C  O  N  H  T
H  L  E  I  J  И  R  V  G  J  S  U  K  U  M  I
L  H  N  R  M  P  O  A  N  I  E  T  O  R  P  T
Z  D  R  A  V  Z  L  Z  E  A  J  A  I  L  H  S
B  T  E  T  I  L  A  V  K  Z  N  L  T  V  N  N
H  O  A  I  J  P  K  S  P  S  E  A  S  O  O  A
O  N  E  Ž  E  T  O  N  V  A  R  U  O  R  T  V
V  I  T  A  M  I  N  T  P  A  A  Z  N  T  F  I
V  S  Y  S  R  P  A  A  O  C  V  H  Č  O  D  K
J  L  N  A  И  N  K  P  G  P  B  L  E  S  A  E
T  E  Ž  I  N  A  Y  O  J  M  A  P  T  A  K  I
```

GORKA	NAVIKE
APETIT	TEČNOSTI
KVALITET	TEŽINA
KALORIJA	PROTEINA
ŽITARICE	UKUS
JESTIVO	SOS
DIJETA	ZDRAVLJE
VARENJE	ZDRAV
URAVNOTEŽEN	OTROV
FERMENTACIJE	VITAMIN

73 - Edificios

```
T N J M Z M F P F F U N J Y M H
L B P F U I S J K J A L O K Š O
E A O D D Z L O L И J B P A E S
A J K U L A E O A J G J R S A T
H I S Z A H T J J H J S A I R E
V R O P O Z O R I Š T E B M K L
H O I U N A H H E G L F M R S E
Z T B C И P J D F J D S A A I A
A A Ž A R A G P H S L N L F J G
M R M O P S E R V A T O R I J E
B O O A C I N L O B H I H O P N
A B L S K N A J B C T D G A N P
S A B B I G J F A P N A E S И Y
A L R S A A S Y E Z R T U T И J
D L E O D P Y F H K B S A A C Z
E S U P E R M A R K E T A N G J
```

HOSTEL
STAN
ZAMAK
BIOSKOP
AMBASADE
ŠKOLA
STADION
FABRIKE
GARAŽA
AMBAR

FARMI
BOLNICA
HOTEL
LABORATORIJA
MUZEJ
OPSERVATORIJE
SUPERMARKETA
POZORIŠTE
KULA

74 - Océano

```
H A J U L O K B K A I P M A K Š
P O J P A S O U O A P L M Z I И
A V B K N N R S R C V I P U N E
K D S O U I A H N L P M U D L P
B A E E T L L R J S E E P E И V
F C F L M N A I A U M B J M Y Z
N V O I F G I D Č N K I T K C H
E N J A A I J C A Đ A F I J Z U
H J B J B E N A E E T Y A Z J D
J E G U L J A M G R E Z P U E M
F J D Z E A G A R A L G E P C F
Y V L R A P I Č E B H P C G F A
N P И И Y C R F B A L Z A S M H
D T A S A G T K E R H U N F J K
J S B I B T S D N K S Z R H D L
V B N N И Y O O D P S C R I B E
```

ALGE
JEGULJA
GREBEN
TUNA
KIT
ČAMAC
ŠKAMPI
KRABA
KORAL
DELFIN

SUNĐER
PLIME
MEDUZA
OSTRIGA
RIBE
HOBOTNICE
SO
AJKULA
OLUJA
KORNJAČA

75 - Ciudad

```
I  A  J  I  R  E  L  A  G  G  N  Y  U  S  R  U
B  C  T  R  Ž  I  Š  T  E  P  E  K  A  R  A  N
O  I  C  I  N  I  L  K  P  A  D  T  L  И  И  I
V  N  B  P  P  T  P  И  P  T  I  D  O  C  K  V
H  V  B  L  Z  F  Y  H  A  E  S  P  K  K  T  E
O  A  K  A  I  B  I  O  S  K  O  P  Š  A  C  R
T  D  V  T  N  O  A  R  Z  R  M  U  Z  E  J  Z
E  O  F  H  E  K  T  K  M  A  K  C  P  K  A  I
L  R  I  R  T  A  E  E  B  M  N  V  N  E  E  T
A  P  I  U  Š  H  E  H  K  R  J  E  V  T  R  E
S  T  A  D  I  O  N  Z  J  E  I  Ć  P  O  O  T
J  G  O  D  R  F  K  O  C  P  Ž  A  C  P  D  V
V  N  A  P  O  J  J  O  J  U  A  R  H  A  R  U
U  L  G  J  Z  H  E  V  K  S  R  P  Y  P  O  N
L  P  A  U  O  K  K  R  Y  R  A  V  M  O  M  V
M  M  H  P  P  N  K  T  U  M  E  B  T  E  И  S
```

AERODROM
BANKE
BIBLIOTEKE
BIOSKOP
KLINICI
ŠKOLA
STADION
APOTEKE
CVEĆAR
GALERIJA

HOTEL
KNJIŽARA
TRŽIŠTE
MUZEJ
PEKARA
SUPERMARKETA
POZORIŠTE
PRODAVNICA
UNIVERZITET
ZOO VRT

76 - Agronomía

```
S E K U A N P I K B N P R J P O
O Z R F P J U C F O J G J И K U
E Z R O H K O N R L V Y A C T D
S N O D Z G A S O E O D R Ž I V
A B E A J I D U T S T A I N P P
M Y C R J S J E U T S A R Z U Z
E I I C G T B E J I F L S A R Z
S F A P B I A J N E Đ A G A Z S
O I C F P P J H E K J L I B Y E
R P S A H Z H Ž A N J C O C M
G O Z T I N И I U R И A P E И E
A V E D E R V I R P O J L O P N
N R Y E B M Y J K H Z D B M U Z
S Ć T M E J I G O L O K E O O G
K E P R O I Z V O D N J A D O V
I R U R A L N I H Đ U B R I V A
```

POLJOPRIVREDE	ĐUBRIVA
VODA	OKRUŽENJU
NAUKE	ORGANSKI
ZAGAĐENJA	BILJKE
RAST	PROIZVODNJA
EKOLOGIJE	RURALNIH
ENERGIJA	SEME
BOLESTI	SISTEMI
EROZIJE	ODRŽIV
STUDIJA	POVRĆE

77 - Actividades y Ocio

```
R R E F G G S E V C S K D R R P
S R T P I V N L L L O И P I L
O N I R K F Y O I E R Š V P B I
F D U D R J Y U M K F A N H O V
S U R F O V A N J E U R C O L A
V C H N L U T J Y J P K K B O N
G K Z E Z O A I A N U U A I V J
F U D B A L G J J E T K M J U E
H S F G E E Z K I J O D P E M I
B E J Z B O L A Z N V A O M E S
O Y U A K J O B D O A L V M T T
S F D V S I Z S O R T И A M N Y
T E N I S D J R E K I V N P O F
O P U Š T A J U Ć E S V J K S O
P L A N I N A R E N J E E O T R
B A Š T O V A N S T V O A A E V
```

HOBIJE
UMETNOST
KOŠARKU
BEJZBOL
BOKS
RONJENJE
KAMPOVANJE
FUDBAL
GOLF
BAŠTOVANSTVO

PLIVANJE
RIBOLOV
SLIKU
OPUŠTAJUĆE
PLANINARENJE
SURFOVANJE
TENIS
PUTOVATI
ODBOJKA

78 - Ingeniería

```
K  I  N  Č  E  R  P  I  C  T  L  R  S  H  Z  J
O  H  M  V  D  B  A  P  O  L  U  G  E  I  И  M
N  V  И  C  U  F  S  T  E  Č  N  O  G  И  M  O
S  B  A  U  G  S  G  T  F  N  K  K  A  A  A  T
T  N  U  Č  A  R  B  O  A  N  I  B  U  D  Š  O
R  R  R  A  O  T  Z  Z  J  B  S  N  A  M  I  R
U  N  M  A  R  G  A  J  I  D  I  N  R  B  N  R
K  V  A  J  M  A  C  U  G  N  T  L  A  U  A  O
C  N  T  N  H  V  D  K  R  M  P  C  N  G  S  V
I  V  T  E  A  A  M  G  E  D  C  E  D  O  E  T
J  J  N  R  I  G  E  O  N  O  M  H  Y  C  S  N
A  C  A  T  O  S  E  U  E  M  Z  P  A  H  U  T
M  E  R  E  N  J  E  M  D  I  Z  E  L  S  A  И
S  T  R  U  K  T  U  R  A  M  P  R  K  Z  S  O
D  I  S  T  R  I  B  U  C  I  J  A  B  I  D  B
P  O  G  O  N  K  A  G  T  T  E  R  S  J  Y  N
```

UGAO	STRUKTURA
OBRAČUN	TRENJA
KONSTRUKCIJA	SNAGE
DIJAGRAM	TEČNOG
PREČNIK	MAŠINA
DIZEL	MERENJE
DISTRIBUCIJA	MOTOR
OSE	POLUGE
ENERGIJA	DUBINA
STABILNOST	POGON

79 - Comida #1

```
Z G G D T S C B Y I S B M L K P
Y F C S A F Š I N Z K O M L I И
M E S A S O A K M U C S L F C F
Z B Z P A D R G H E Y I E Z J Y
Y Z A U N D G J S S T L K O S M
H S F S Z A A M A Č E J A N U T
B T L N O И R I L P E A Z B A R
N E И L T I E R A I O K H B I K
S A I U D P P S T Z E U Š P E F
P R N K T Z A E A L K L B U G G
A E U E J A G O D A S I L J R Y
N Ć M P U O L N V P I L R R D K
A E I J R A J L Y B B E P E B I
Ć Š L O J Y J Z T Y R B G P L K
F I N P T F M O L S O J I A A L
D A F A D G C F D M P I D T R G
```

BELI LUK	JAGODA
BOSILJAK	SOK
TUNA	MLEKA
ŠEĆERA	LIMUN
CIMET	NANE
MESA	REPA
JEČAM	KRUŠKE
LUK	SO
SALATA	SUPA
SPANAĆ	ŠARGAREPA

80 - Antigüedades

```
A O A D E N D D E N A K I T D A
J G U A F D Y C E C I N A V O K
I O C S F E A R Z C M D L C J U
C N G A L E R I J A E H A E M M
A Č V T A U R R F P R N R N I E
R I V E T A A A Z E U G I A P T
U B E T S A A Т И С T A A J M N
A O K I O T E С И K P U U A A O
T E K L N H I T V F L K T T R S
S N S A D P F C G O U C E Š G T
E G T V E D G A I L K I N E A U
R J I K R D F M O J S J T M A M
L Z L S V H F K P V A I I A S P
E L E G A N T A N И P L Č N N A
D E K O R A T I V N E C A S M O
H A S J K M C G A N S F N L I H
```

UMETNOST
AUTENTIČAN
KVALITET
DEKORATIVNE
DECENIJA
ELEGANTAN
SKULPTURE
STIL
GALERIJA
NEOBIČNO

INVESTICIJA
NAKIT
KOVANICE
NAMEŠTAJ
CENA
RESTAURACIJA
VEK
AUKCIJI
VREDNOST
STARI

81 - Literatura

```
R R C D P O D M I Z E F И M U A
Z I C H И M C A J N Y P S E U O
E T S O G D J P G H A C D T A P
O A A M E T K A Č U J L K A Z J
G M J A M S E P S J A K E F I P
O P I S N R N A R A T O R O L E
L C F N A E I P S L Y G O R A S
A E A K M J G M B T F B T A N N
J P R A O N T D E D I O U J A I
I N G I R E N S O G И L A I A Č
D C O K D Đ E C A T P Z M G N K
O E I N Y E U U K P A M K O K E
E H B D O R B V T S H F H L Y O
L R O V D O F I K C I J A A K G
O O F F G P E M R J V P S N H P
P O A T R A G E D I J E N A V H
```

ANALOGIJA
ANALIZA
ANEGDOTA
AUTOR
BIOGRAFIJA
POREĐENJE
ZAKLJUČAK
OPIS
DIJALOG
STIL

FIKCIJA
METAFORA
NARATOR
ROMAN
PESMA
PESNIČKE
RIME
RITAM
TEMA
TRAGEDIJE

82 - Química

```
P Y T J T T S E G A P A T K N C
D И F H N E Y R J A И И D M E J
A R K C B N S S T S M M Z U V
C G Y И F R U C H Y Z B O G O E
R N Z J C A H A A Y Y S L R Y R
P C J M R E U U C A A Y E G V G
T B K P R L V P H H K L K Y O F
И E R E A K C I J A V F U F D S
A N Ž K L U S H S E T O L P O T
E I M I Z N E N L A K L A I N T
H L S N N O R T K E L E I Z I M
L E F E O A K I S E O N I K K E
O S U J J N Z Z I V J P P E T T
R I I L K A T A L I Z A T O R A
K K D G O N Č E T M N Z B G L L
P A A U T E M P E R A T U R A A
```

ALKALNE	JON
KISELINE	TEČNOG
TOPLOTE	METALA
UGLJENIK	MOLEKUL
KATALIZATOR	NUKLEARNE
HLOR	KISEONIK
ELEKTRON	TEŽINA
ENZIM	REAKCIJA
GAS	SO
VODONIK	TEMPERATURA

83 - Gobierno

```
Y  S  B  N  O  S  G  D  H  P  G  U  B  S  I  C
N  C  U  I  L  E  J  I  T  A  R  K  O  M  E  D
L  A  R  D  C  N  L  S  K  S  A  O  K  R  U  G
I  C  C  H  S  B  O  K  Y  T  O  Y  E  R  H  P
D  H  N  I  T  K  Z  U  N  H  O  C  R  V  U  R
E  C  O  P  J  O  E  S  B  D  G  B  R  U  S  A
R  K  И  S  O  E  K  I  N  E  M  O  P  S  T  V
C  I  V  I  L  N  I  J  R  R  A  B  V  E  A  D
D  Z  R  D  И  G  P  E  A  P  E  A  B  O  V  A
R  N  E  Z  A  V  I  S  N  O  S  T  J  S  R  S
Ž  H  D  D  R  Ž  A  V  L  J  A  N  S  T  V  A
A  Z  O  H  A  L  J  E  D  N  A  K  O  S  T  N
V  A  B  A  M  E  G  E  P  O  L  I  T  I  K  E
E  K  O  N  A  C  I  O  N  A  L  N  A  U  J  A
Z  O  L  P  G  K  V  N  H  O  A  R  P  G  E  O
G  N  S  N  S  I  M  B  O  L  G  И  M  C  B  R
```

DRŽAVLJANSTVA	SUDSKE
CIVILNI	PRAVDA
USTAV	ZAKON
DEMOKRATIJE	SLOBODE
GOVOR	LIDER
DISKUSIJE	SPOMENIK
OKRUG	NACIONALNA
DRŽAVE	NACIJE
JEDNAKOST	POLITIKE
NEZAVISNOST	SIMBOL

84 - Creatividad

```
E F D V I T A L N O S T L S S O
J M J R S P I A A H U T O Z P S
I N O Z A R Z I P J E O U V O E
Z K S C J М И T A R G T S Y N Ć
I V C А А J A S N O Ć E T A
V M К И C J И T S И A M Z M A N
S Y T R A I A N I T Š E V A N J
S R E A Z C A J T Č U C O Š I A
C L T U N A O E M S A E Z T И F
I P I Z E R S E K Č I N T E M U
D O Z K S I N V Z Z I J U И Z A
E P N G A P Z Z G U V V J L N G
J C E J Z S U T I S A K A J Z R
E C T S O N Č I T N E T U A P J
N N N C И I I N V E N T I V N I
Y L I I N T U I C I J U B P L P
```

UMETNIČKE
AUTENTIČNOST
JASNOĆE
DRAMATIČAN
EMOCIJA
SPONTANI
IZRAZ
VEŠTINA
IDEJE
SLIKA

MAŠTE
UTISAK
INSPIRACIJA
INTENZITET
INTUICIJU
INVENTIVNI
SENZACIJA
OSEĆANJA
VIZIJE
VITALNOST

85 - Clima

```
U C Z L H T Y M U D T V F A E P
J N M T R O P S K E O N E B O O
I N R A L O P V B Š R B J F T V
A U H R G S Z E F U N B N H V E
N S M E M L J T L S A V U S G T
И N Z F I T A A E J D J M C P A
D O P S R S N R D O O И U P L R
S M K O K И I U R A G A N L M A
И I L M K K V И Z A H N O F O C
I J I T M C A V A L P O P T I P
O I M A N C J L C E D P A S И N
O И A V E A L T B F C G G T B B
U Y O K A E M F O O G A Y G L Z
E J Z Z U A R U T A R E P M E T
P A A И A P G M D M M S B K G N
T Z E S A H I A G H O C J L M P
```

ATMOSFERA
POVETARAC
NEBO
KLIMA
LED
URAGAN
POPLAVA
MONSUN
MAGLA
OBLAK

POLARNI
MUNJE
SUVA
SUŠE
TEMPERATURA
OLUJA
TORNADO
TROPSKE
GRMLJAVINA
VETAR

86 - Comida #2

```
D Z O B E L H S Z P C C S И L T
K D U N A V V I A I G T F O P M
P O P C R N R R G R E L E C G E
G B O D R F A S V I P I L E R M
P Š E N I C E N O N H J F V O J
P G J S J V H Z E A P I G K Ž D
A O A U A A I F N Č Y O E T Đ A
T C J N R P B K Z J A D A R A P
L Y G C T E K U R Z D D E U D R
I C Z O I J Z B K V A H U G A P
D T Z K Č H L P A A L P S O H K
Ž B F R O M E E Z T O U P J V S
A A H E K P E I O I K H N G U J
N D U T E J N Š I V O A И S P H
И E Đ U M B I R T R Č B J B G F
R M K P A R R R L D I I T D M C
```

ARTIČOKE
BADEM
CELER
PIRINAČ
PATLIDŽAN
VIŠNJE
ČOKOLADA
SUNCOKRET
JAJE
ĐUMBIR

KIVI
JABUKA
HLEB
BANANE
PILE
SIR
PARADAJZ
PŠENICE
GROŽĐA
JOGURT

87 - Arte

```
N A D R E A L I Z A M S T T E B
U F T N A O B V И U И D O T M U
I N S P I R I S A N I S K R E N
T N S H R P N S L T Y F K K N A
I M Č M B O L E S R S O L O L V
R G K I I E E K I A P A I M A A
O C D V L Z U Č Z S L M S P N T
V L H H D I Z I R P V E J L I S
T S T M E J I M A O S T I E G O
S S E B H E V A Z L Y L U K I N
S K U L P T U R E O A U I S R D
S I M B O L C E Y Ž J A M K O E
S K C L S P Z K K E I S P E E J
U N L G A O S H I N S V R M K E
H A J G V И R P I J G F C P P T
P O R T R E T V V E G P V R J K
```

KERAMIČKE	LIČNI
KOMPLEKS	SLIKE
SASTAV	POEZIJE
STVORITI	PORTRET
SKULPTURE	JEDNOSTAVAN
IZRAZ	SIMBOL
ISKREN	NADREALIZAM
RASPOLOŽENJE	TEMA
INSPIRISAN	VIZUELNI
ORIGINALNE	

88 - Diplomacia

```
S  C  C  R  O  D  A  S  A  B  M  A  Z  И  И  S
P  A  P  F  K  S  E  D  A  S  A  B  M  A  F  A
V  H  M  A  O  J  K  N  G  R  V  Y  M  D  D  V
D  I  S  K  U  S  I  J  E  O  A  L  I  A  I  E
A  Y  L  I  F  P  T  G  T  R  P  D  A  A  O  T
G  E  P  Z  A  J  E  D  N  I  C  A  N  D  P  N
K  A  N  E  Y  U  H  K  T  R  A  J  Z  J  A  I
B  P  P  J  I  T  S  U  E  И  O  P  R  A  K
S  I  G  U  R  N  O  S  T  Z  P  R  A  V  D  A
P  O  L  I  T  I  K  E  I  O  U  V  M  R  M  I
K  M  P  O  I  L  S  N  R  L  G  L  A  E  B  D
S  U  K  O  B  A  T  A  G  U  O  N  O  Š  S  A
Y  I  O  P  O  I  R  P  E  C  V  И  U  E  Z  F
V  J  Y  И  U  Y  A  C  T  I  O  D  Z  N  D  F
O  P  P  H  A  Z  N  E  N  J  R  O  R  J  B  A
P  B  K  K  P  И  I  Y  I  A  A  P  Z  E  L  G
```

SAVETNIK	VLADA
ZAJEDNICA	JEZIKA
SUKOBA	INTEGRITET
SARADNJA	PRAVDA
DISKUSIJE	POLITIKE
AMBASADE	REZOLUCIJA
AMBASADOR	SIGURNOST
STRANI	REŠENJE
ETIKE	UGOVORA

89 - Herboristería

```
H G T E S A S T O J A K R Z K F
K V A L I T E T K Z Z A N Y U O
V S I C C Š O F A M Z J Z A L F
U U F E M A J O R A N L E N I Z
И A D O L B S Z D E K I E L N O
A R O M A T I Č N O N S O A A Y
B E L I L U K K И V A O L I R M
N Z R I B E F H K M N B T K S I
E A N O G A R T S E E P J N K R
L V G I Y O Z E B I L J K A E O
E A F T R Z S V K A C R U R C Đ
Z U V B S A G C P P Z Z D F T I
L D B A K O M O R A Č U I A P J
P L И И N H O Z V B D H K Š K A
A N T B G D O N U Š R E P U T O
G Z C M A A E G I R N I A K S R
```

BELI LUK
BOSILJAK
AROMATIČNO
ŠAFRAN
KVALITET
KULINARSKE
MIROĐIJA
ESTRAGON
CVET
KOMORAČ

SASTOJAK
BAŠTA
LAVANDE
MAJORAN
NANE
PERŠUN
BILJKA
RUZMARIN
UKUS
ZELEN

90 - Energía

```
R I N D U S T R I J A B U D F E
И F J P K A R Y H Y K A G I O L
Y P N H A J J И И F T L Z T E
E L E K T R O N C E Y E J E O K
C V K C A O Z S И D R E L N T
N I I O И T R A N N G I N C N R
U V N J Z O P H I P O J I B U I
S E O E L M S A B P R E K Z K Č
J T D A N V L Y R K I T S A L N
L A O S Z T O N U E V O G G E I
T R V A A E R N T S O L A A A P
B E N Z I N G O B P O P Y Đ R G
T Ф И C G Y K P P O O O R E N И
A P O K E A M J B I A T O N E P
A O P O C A A P D Z J M E J V N
Z P J E O P G I A R A E A A R G
```

BATERIJE

TOPLOTE

UGLJENIK

GORIVO

ZAGAĐENJA

DIZEL

ELEKTRON

ELEKTRIČNI

ENTROPIJE

FOTON

BENZIN

VODONIK

INDUSTRIJA

MOTOR

NUKLEARNE

OBNOVLJIVE

SUNCE

TURBINU

PARE

VETAR

91 - Especias

```
K G V R J O И T Y L C E M I P Y
P C R U C K D E L I N A V E A И
D G N R C S U K U J I T P P P U
Y P F K O S E L K S B U L P R U
A N I S A G S I I P Y Đ T N I Y
Š G C Z K H V F K L U U C R K И
A K B N A A B F N T E M I C A E
F K M P И V R E B I B B T O O Z
R O И Z O V V A H V C I R A K O
A M K I S E L O N V O R N T T Z
N O J G L C N U M F T J M Z A N
I R M O M A D R A K I D D И L L
M A C R S B J L D И L L R B S S
U Č K K Y S L A D I Ć E I H A H
K M Z A I Y P C K P J P E Ć R N
U P Z I S O E L И G J G И T N P
```

KISELO	KARI
BELI LUK	SLATKO
GORKA	KOMORAČ
ANISA	ĐUMBIR
ŠAFRAN	PAPRIKA
CIMET	BIBER
KARDAMOM	SLADIĆE
LUK	UKUS
KARANFILIĆ	SO
KUMIN	VANILE

92 - Emociones

```
K O A I И D L P N E K T T L R Z
B E S H T И J Y K E D S U H A A
J Y D K Y I U P V Z Ž O G K D D
P N J A S A B A A U H N A A O O
N S Y A S H A R T S Z Z O H S V
P S H P C O V T O E B A M S T O
M G A Y B P D I M J P B I S T L
Z A H V A L A N A N H U R G H J
F I A F B H J A R E P J И J P A
J J N Z И I N U S Đ A L M Y C N
S T J S P O K O J A Ž R D A S F
S I M P A T I J E N R E L J E F
M I R N O V T S N E Ž A L B U A
Y R S N F U P Z O N I J K D R O
T R N F B K I B Y Z H J O N E R
O P U Š T E N O E I D M Y P P D
```

DOSADE
ZAHVALAN
RADOST
RELJEF
LJUBAV
SRAMOTA
BLAŽENSTVO
LJUBAZNOST
MIRNO
SADRŽAJ

BES
STRAH
MIR
OPUŠTENO
ZADOVOLJAN
SIMPATIJE
IZNENAĐENJE
NEŽNOST
SPOKOJ
TUGA

93 - Universo

```
H N Y S B O O H E R R O T A L F
O E E Č I M S O K L P P S Y Z
R T K B I H N E B E S K O T A A
I N C И O U O V N Y A B K R T Y
Z C И E N D E I P P B R S O M S
O T U R G A F J R O C H E N O O
N O M E U T M L E F T O L O S L
T M P F U D R D A K J I E M F A
S O L S T I C I J A V N T I E R
L N Z I I O E V I D N A C J R N
И O O M B R S И S A L P T E A E
B R A E R E E J K T A M A O V K
R T M H O T M G A Y J D D И R H
E S I T E S B И L V P И I I S L
D A P L P A O F A K A J I D O Z
C R P M Y V И V G C N C Y И H P
```

ASTEROID	HEMISFERE
ASTRONOMIJE	HORIZONT
ASTRONOM	MESEC
ATMOSFERA	TAMA
NEBESKO	ORBITU
NEBO	SOLARNE
KOSMIČKE	SOLSTICIJA
EKVATOR	TELESKOP
EON	VIDLJIVE
GALAKSIJA	ZODIJAKA

94 - Jazz

```
R  N  A  Ž  G  H  V  V  Y  L  И  H  L  K  Y  P
L  I  T  S  A  Y  J  H  V  И  O  F  U  O  N  O
T  V  T  R  E  C  N  O  K  J  H  A  S  M  A  Z
E  E  P  A  K  I  Z  U  M  Y  S  A  N  P  G  N
H  J  B  E  M  F  A  V  O  R  I  T  A  O  L  A
N  N  S  J  S  F  K  N  A  A  N  D  I  Z  A  T
I  B  N  E  H  M  Y  S  Y  T  P  E  R  I  S  F
K  U  O  F  Y  V  A  O  G  S  S  Y  A  T  A  P
A  B  V  M  A  B  T  A  N  E  L  A  T  O  K  V
H  D  A  A  L  B  U  M  Z  K  O  И  S  R  I  Y
P  O  L  I  V  P  U  V  I  R  F  A  M  R  N  C
R  P  O  Z  A  T  F  L  U  O  M  T  C  R  T  A
I  M  P  R  O  V  I  Z  A  C  I  J  E  J  E  A
Y  L  K  P  L  D  И  G  B  A  E  K  Z  I  M  Y
A  R  C  D  E  J  A  O  C  I  C  Z  N  A  U  J
E  D  F  T  И  E  S  T  O  C  Z  B  P  A  G  D
```

UMETNIK	ŽANR
ALBUM	IMPROVIZACIJE
PESMA	MUZIKA
SASTAV	NOVA
KOMPOZITOR	ORKESTAR
KONCERT	RITAM
STIL	TALENAT
NAGLASAK	BUBNJEVI
POZNAT	TEHNIKA
FAVORITA	STARI

95 - Mediciones

```
Š M A S E B Y C A O A I И Y K Y
A I M G B A J T H A S N F A I V
P S R M A R G D S T E P E N L J
C V A I I I B R И R I A И I O K
K N T P N N Z G G M T T E S M H
R I I H J A U F M P K A P I E L
J Y L Z A C H T I P D A E V T F
K E B O E N L A M I C E D B A T
C B T H G U И V N B M P F И R V
I R J V B R A T E M I T N E C O
M G M J R A A D U Ž I N A H Z L
A E T A K T N M J P H I N Č A U
I N L E И E I L U T N U I P U M
R P R Z Z M B A B O R I Ž P S E
D M C B И J U T N N L Y E A P N
F P P A S K D B E A B R T F M I
```

VISINA	DUŽINA
ŠIRINA	MASE
BAJT	METAR
CENTIMETAR	MINUT
DECIMALNE	UNCA
STEPEN	TEŽINA
GRAM	DUBINA
KILOGRAM	INČA
KILOMETAR	TONA
LITAR	VOLUMEN

96 - Barcos

```
J L Z P G E G H K M Z H R O H C
A И И I И V P Z V J Z Z I D V L
R L O T R A J E K T P M F I Z L
B Z A G T Y E J E D R I L I C A
O K N H O P E M Y K P P E I K P
L A T Y R V Y F I P C K A J A K
L Z Y T G J M S P L A V R E K E
J N A U T I Č K I H P G O И Z K
H E T H A J K B T V O U T S C S
N D Z O R B A И R A N R O M Z R
N A U E C Z N A E K O E M G Z O
E S N I R T U V G M K R M O C M
R O U M R O M O R E Y S D E O O
C P J G U P G B S M D A U I P P
H И У A P T G R A L J P Z J S C
C S J G Y S L F K A H R L И F P
```

SIDRO
SPLAV
BOVA
KANU
KONOPAC
TRAJEKT
KAJAK
JEZERO
MORE
PLIME

MORNAR
POMORSKE
JARBOL
MOTOR
NAUTIČKIH
OKEAN
REKE
POSADE
JEDRILICA
JAHTE

97 - Antártida

```
P T E G M U T U Y A I I K O R B
O O K C I V M A C L D S S G U E
L P S P N R H L G U H T O U N J
U O P A E B E J I F A R G O E G
O G E R R U I S L K V A N G K N
S R D K A F M T I B R Ž A A O T
T A I F L C R I V F T I T F N E
R F C I A A M V G A S V A S T M
V I I C A L B O R R O A N F I P
O J J I V D G D E L A Č Y Z N E
A E E C I T P A G T A C Z S E R
N A U Č N E F F E K F H I Z N A
P I N G V I N I Y U И P J T T
A A O O O Č U V A N J E K N E U
P F И A A P Y P T N C И K U B R
E G L E Č E R A P S Y P O E P A
```

VODA
BEJ
NAUČNE
OČUVANJE
KONTINENT
EKSPEDICIJE
GEOGRAFIJE
GLEČERA
LED
ISTRAŽIVAČ

OSTRVA
MIGRACIJE
MINERALA
OBLACI
PTICE
POLUOSTRVO
PINGVINI
ROKI
TEMPERATURA
TOPOGRAFIJE

98 - Mamíferos

```
V  Y  F  D  C  O  U  H  C  K  И  E  D  И  Z  B
И  A  Z  M  J  U  I  A  И  U  O  S  H  K  E  P
O  V  C  E  D  S  S  I  V  V  A  J  A  O  B  Y
H  D  N  D  E  L  F  I  N  O  L  S  O  F  R  Z
Z  Z  E  P  V  D  Z  L  C  S  G  A  B  T  A  R
E  J  M  M  D  N  K  J  E  H  F  P  M  E  A  L
L  G  U  J  E  D  G  D  N  K  M  S  L  И  V  G
I  Z  Y  G  M  S  Z  I  A  O  G  L  D  B  D  Y
M  K  E  N  G  U  R  U  B  I  K  C  O  J  A  N
A  A  T  P  H  Z  E  C  A  R  A  G  A  M  M  O
K  L  Č  И  Y  T  O  C  M  S  Y  L  I  A  D
D  I  I  K  K  I  T  H  I  Z  O  V  E  Y  J  T
A  R  H  A  A  U  P  O  S  T  Y  L  G  T  M  U
U  O  D  P  J  B  A  F  I  M  O  C  A  Z  U  N
K  G  D  J  И  C  A  G  L  K  F  N  E  Y  N  N
I  A  O  J  P  Y  K  Ž  I  R  A  F  A  A  P  E
```

KIT	MAČKA
MAGARAC	GORILA
KONJ	ŽIRAFA
KAMILE	VUK
KENGUR	MAJMUN
ZEBRA	MEDVED
ZEC	OVCE
KOJOTA	PAS
DELFIN	BIK
SLON	LISICA

99 - Abejas

```
H R A N A T A I K B K B Z A K T
A N L E C N U S A J F I T D O P
E Z I L S I E A И U L P U Š S
K O R O L R V I И D H J N M N P
O N K P D T B A Š T A K F C I E
S G T K E S N I P E A E J K C O
I S S R M D K R A V O S A K E P
S U O A K И I O K C K S P N M R
T N K L C Z L M R A И Z T O E A
E B I J O R B T K I U O R O M Š
M P L I C V E Ć E M S O P K Z I
R T O C V O Ć E A B C T P A U V
Y И N A A O Y B R R M C A И Y A
P G Z A V C L K A H A P H N R Č
A L A C Z R R R B И V V U A B G
И И R A E K V V И K I C N Y P И
```

KRILA
KORISTAN
VOSAK
KOŠNICE
HRANA
RAZNOLIKOST
EKOSISTEM
ROJ
CVET
CVEĆE

VOĆE
DIM
INSEKT
BAŠTA
MED
BILJKE
POLEN
OPRAŠIVAČ
KRALJICA
SUNCE

100 - Psicología

```
C O S G F O R E A L N O S T И S
T M S T M E P P R G N F H L H A
D Z A T K Z Z T O N S E V S E N
G E A J I P A R E T P U F И K P
O E P O P Z A J I C O M E K Č O
D C N A Z E C D I H Z Y V O I N
P E Y N E S A O T C N S O F N A
N R T B H N E И S U A N N R I Š
O V O I L S I M O O J Z S T L A
Z R G B N K F N E E Z N S K N
E D E S L J H D Č V J P L E R J
S B S V D E S R I I E P N V S E
L C T H O M M T L E D G G S F J
S U K O B A V D V K I Z U D H T
S A S T A N A K Y A N E C O R P
P E R C E P C I J E F I A P K M
```

SASTANAK
KLINIČKE
SPOZNAJE
PONAŠANJE
SUKOBA
EGO
EMOCIJA
PROCENA
IDEJE
NESVESNO

DETINJSTVA
MISLI
PERCEPCIJE
LIČNOSTI
PROBLEM
REALNOST
SENZACIJA
PODSVEST
SNOVE
TERAPIJA

1 - Agua

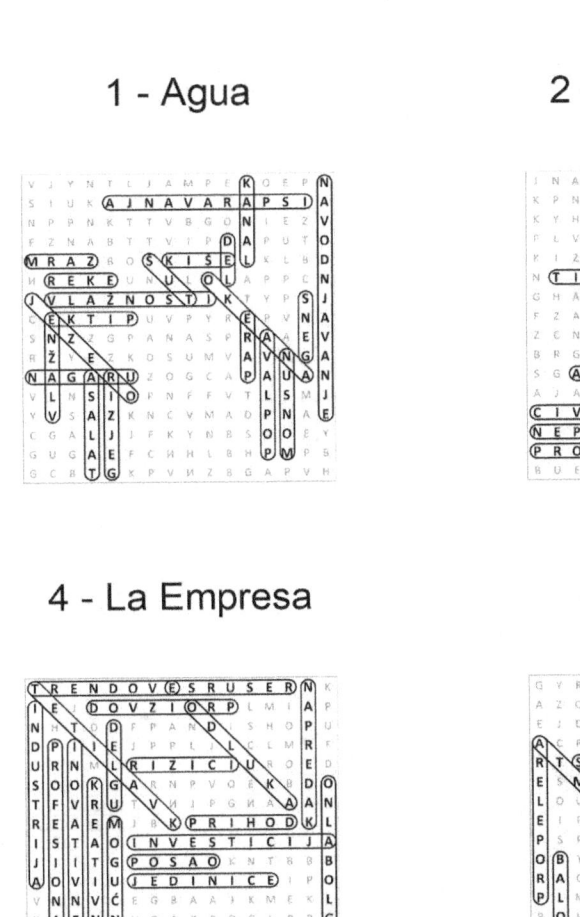

2 - Arqueología

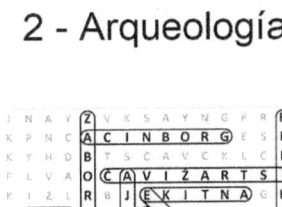
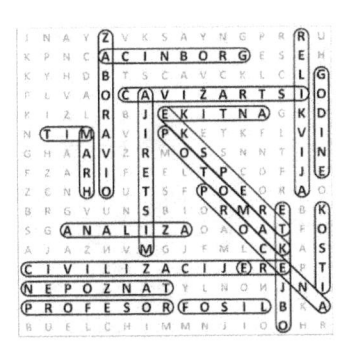

3 - Granja #2

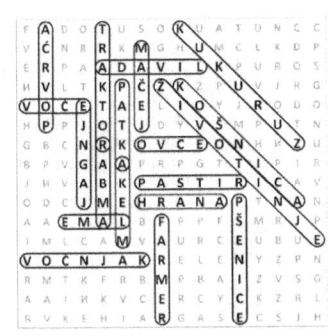

4 - La Empresa

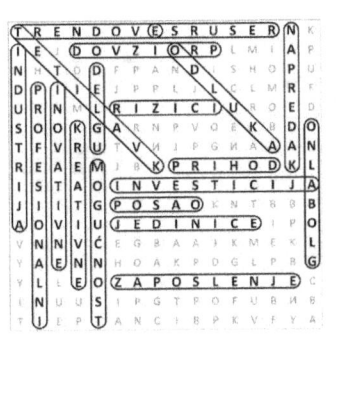

5 - Aviones

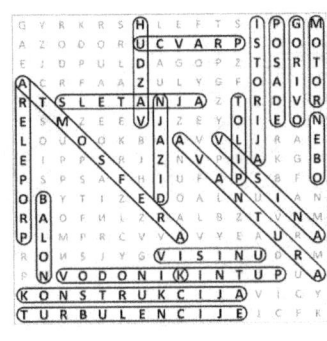

6 - Tipos de Cabello

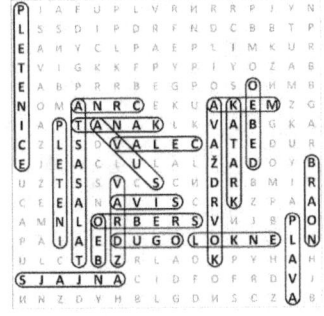

7 - Ciencia Ficción

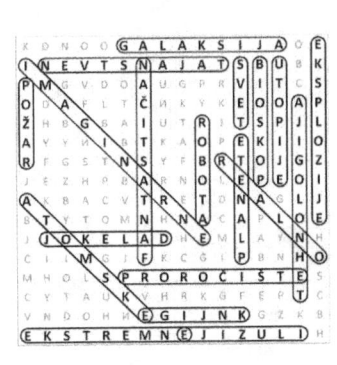

8 - Granja #1

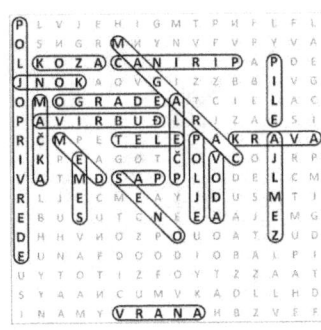

9 - Camping

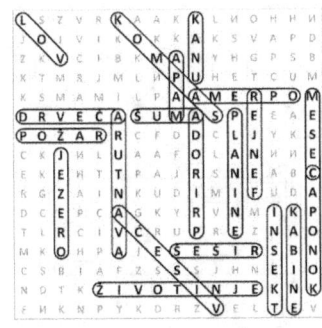

10 - Fruta

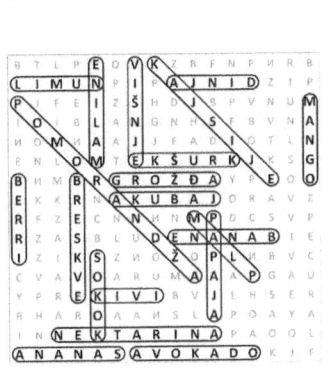

11 - Geología

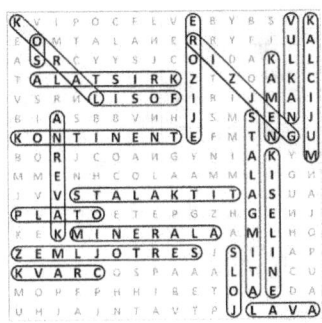

12 - Álgebra

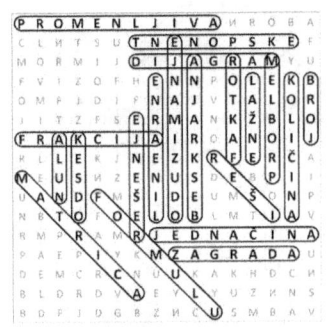

13 - Plantas

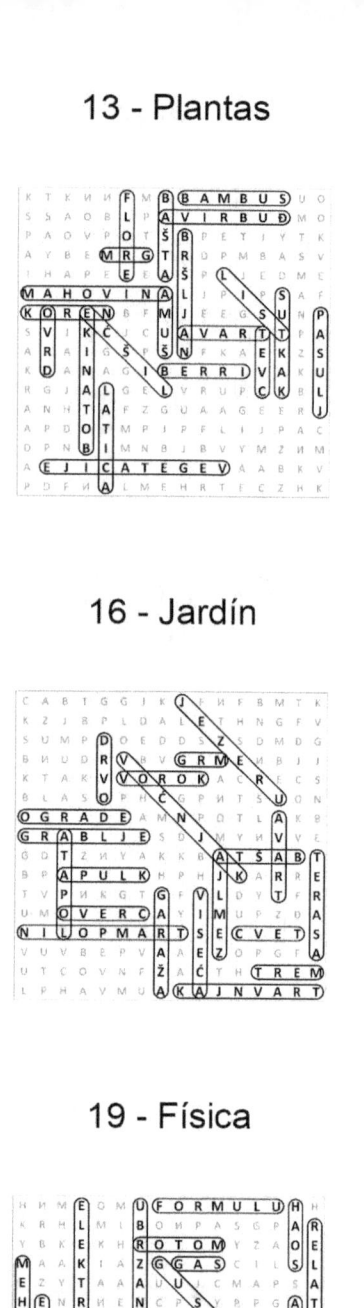

14 - Suministros de Arte

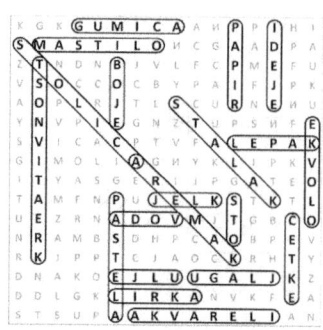

15 - Negocio

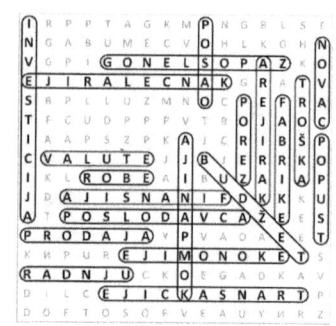

16 - Jardín

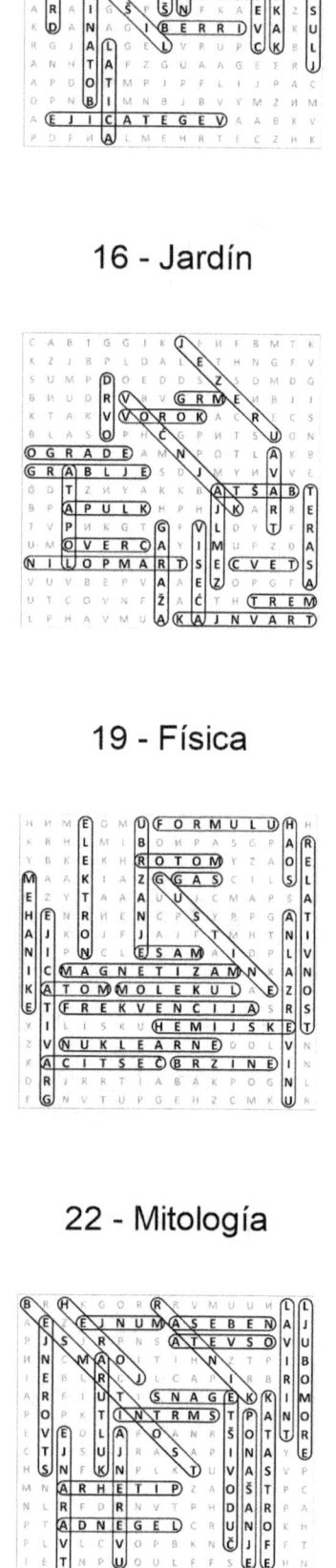

17 - Países #2

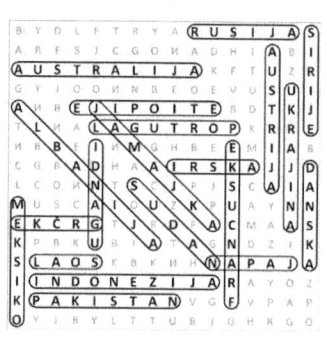

18 - Números

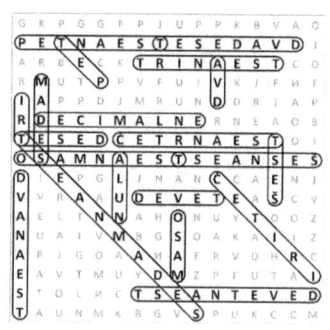

19 - Física

20 - Belleza

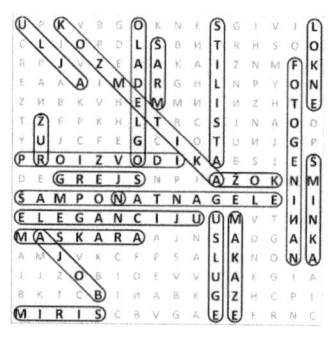

21 - Países #1

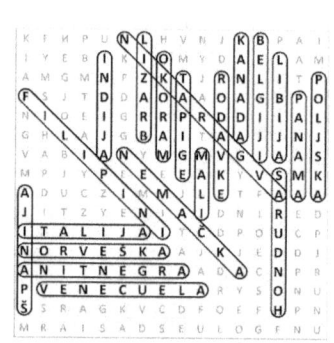

22 - Mitología

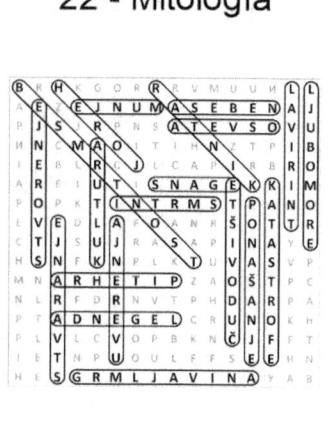

23 - Ecología

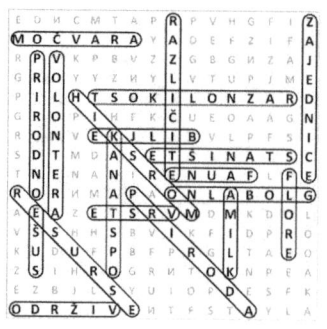

24 - Casa

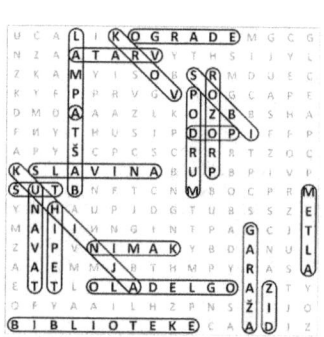

25 - Artes Visuales

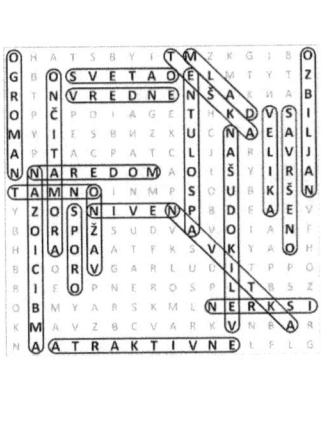

26 - Salud y Bienestar #2

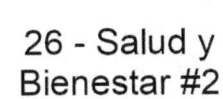
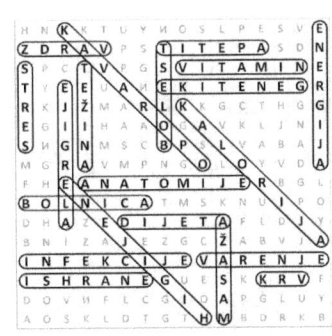

27 - Selva Tropical

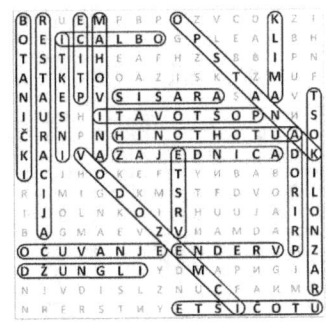

28 - Adjetivos #1

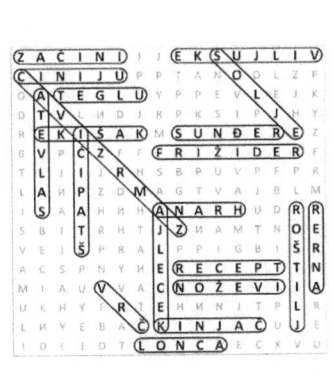

29 - Familia

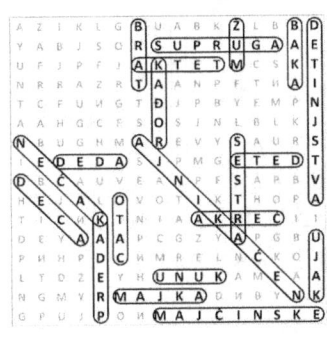

30 - Disciplinas Científicas

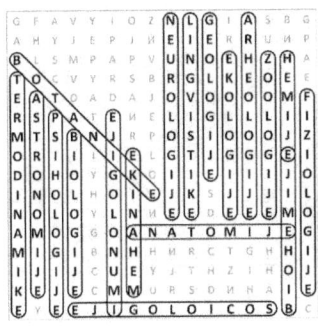

31 - Cocina

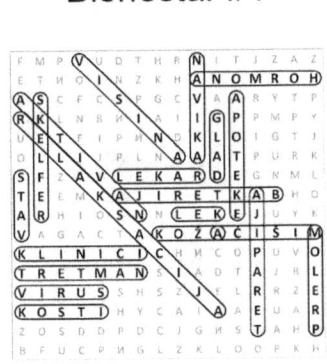

32 - Moda

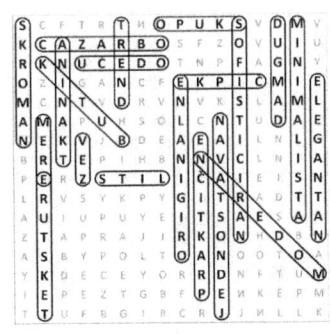

33 - Electricidad

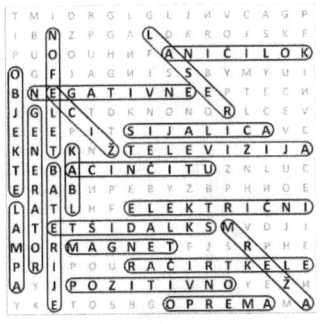

34 - Salud y Bienestar #1

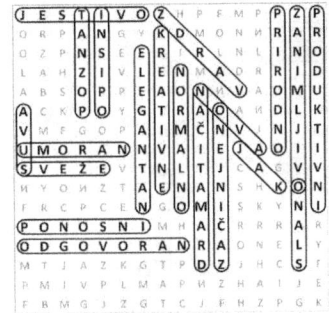

35 - Adjetivos #2

36 - Cuerpo Humano

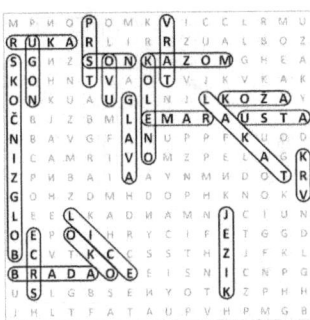

37 - Calentamiento GI

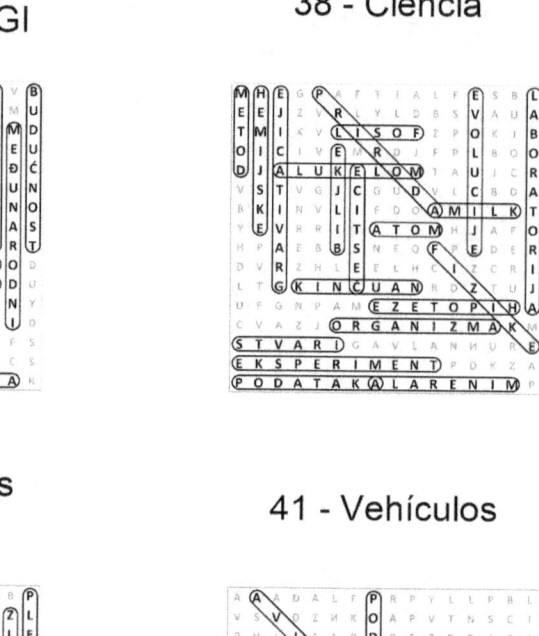

38 - Ciencia

39 - Restaurante #2

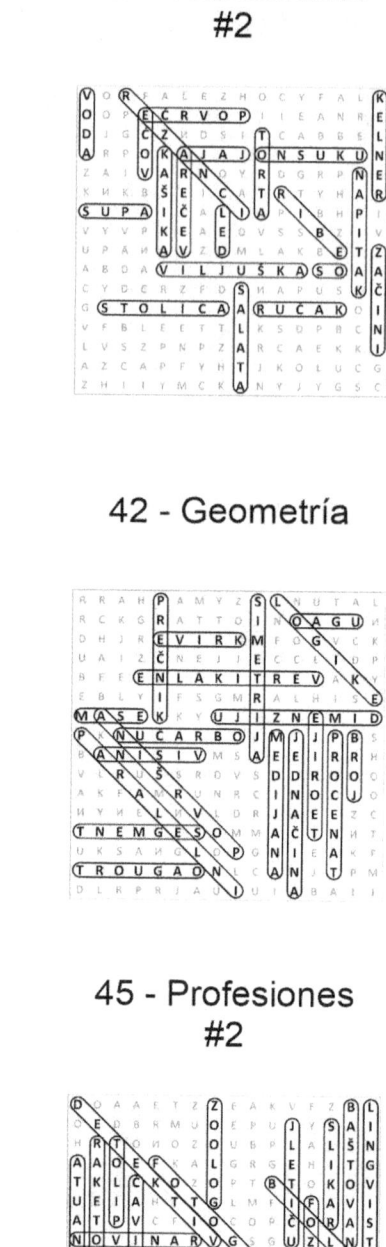

40 - Profesiones #1

41 - Vehículos

42 - Geometría

43 - Vacaciones #2

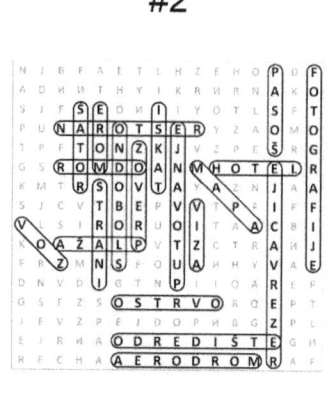

44 - Matemáticas

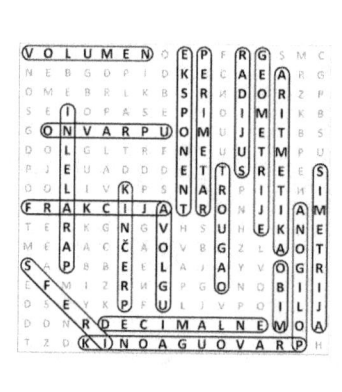

45 - Profesiones #2

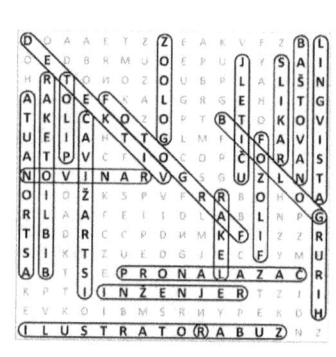

46 - Senderismo

47 - Naturaleza

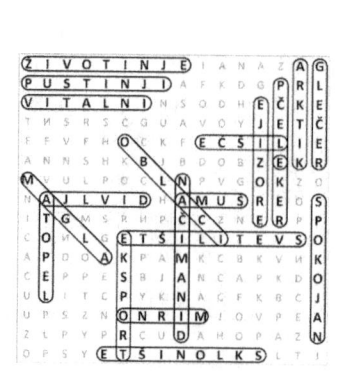

48 - Conduciendo

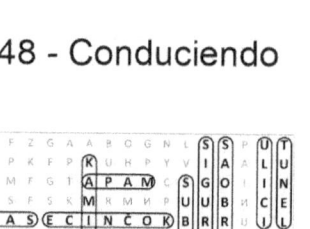

49 - Ballet

50 - Fuerza y Gravedad

51 - Aventura

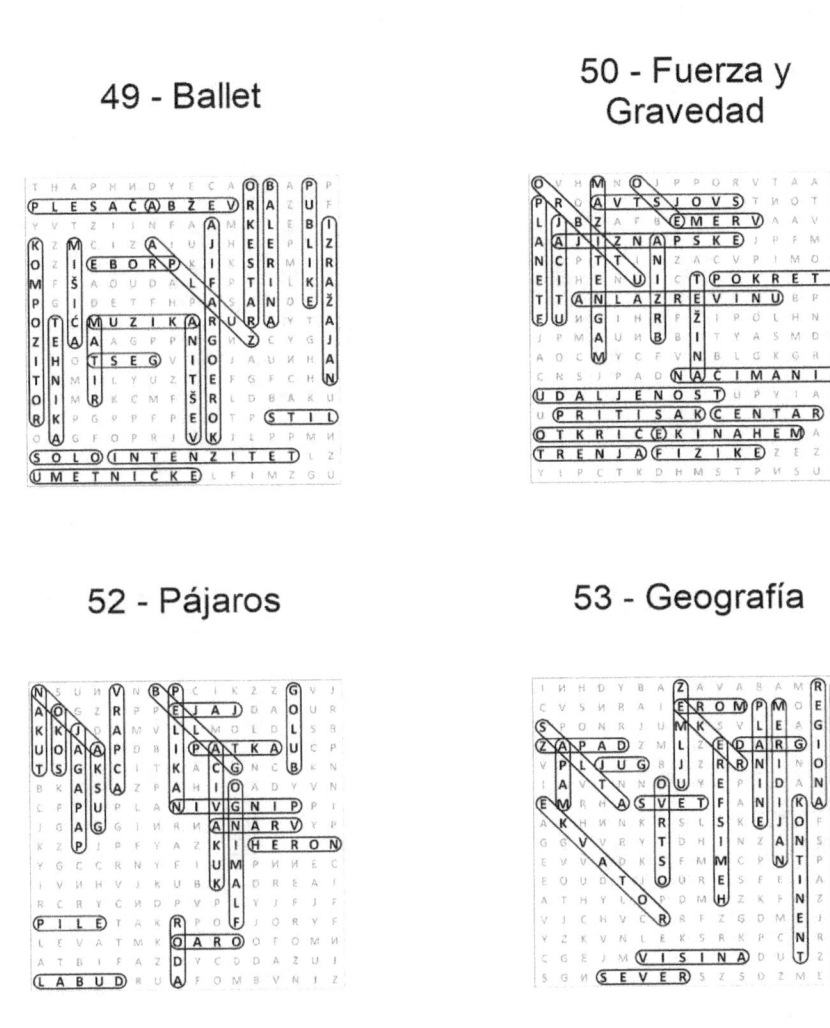

52 - Pájaros

53 - Geografía

54 - Música

55 - Enfermedad

56 - Actividades

57 - Verduras

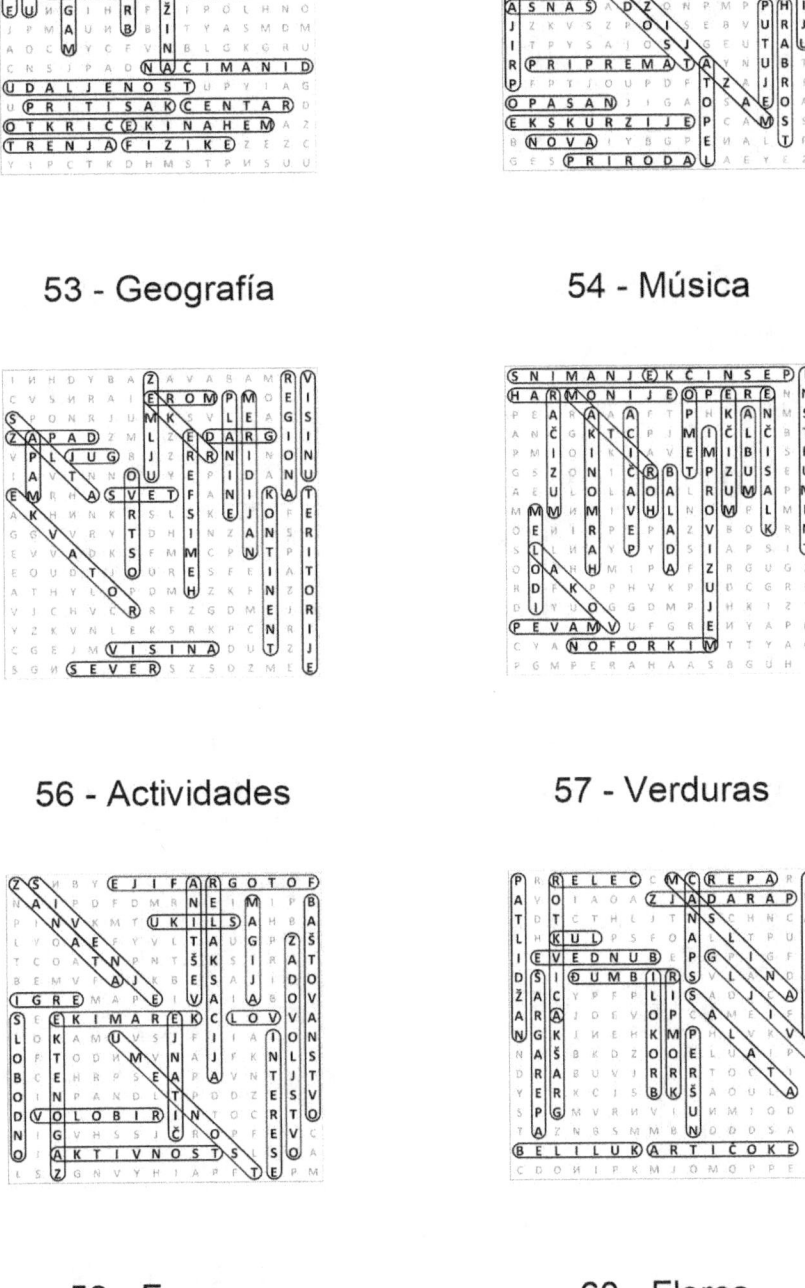

58 - Instrumentos Musicales

59 - Formas

60 - Flores

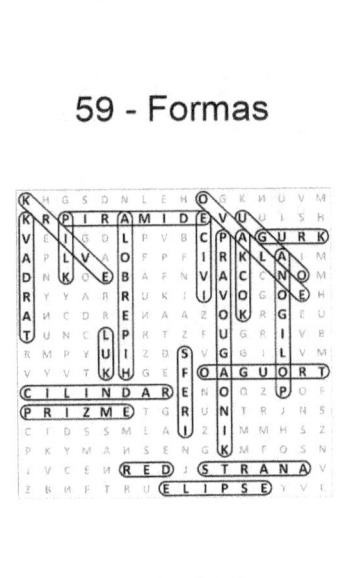
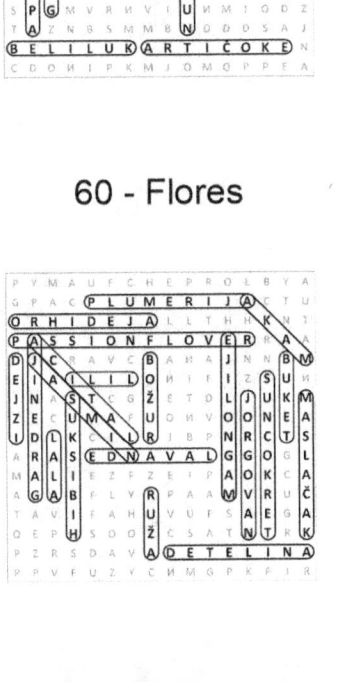

61 - Astronomía

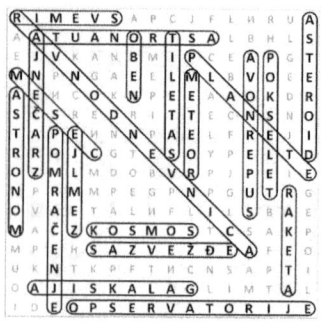

62 - Tiempo

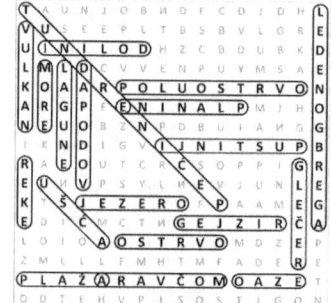

63 - Paisajes

64 - Días y Meses

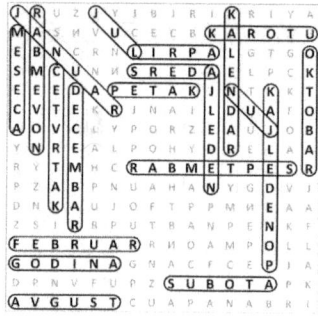

65 - Biología

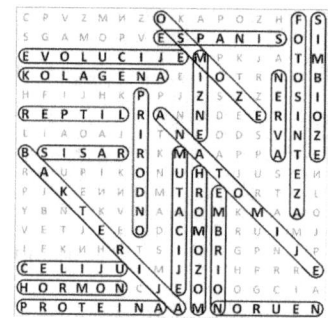

66 - Jardinería

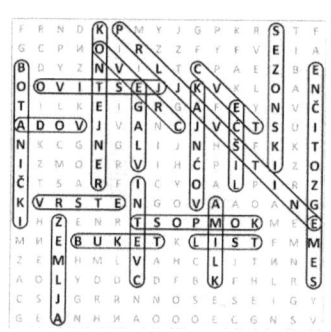

67 - Barbacoas

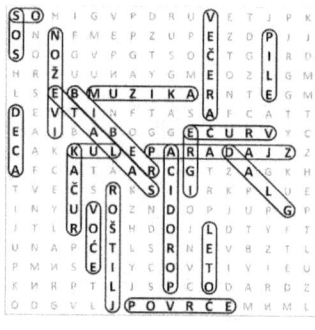

68 - Ropa

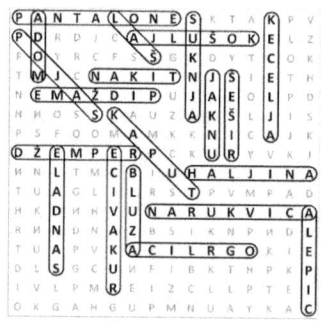

69 - Meditación

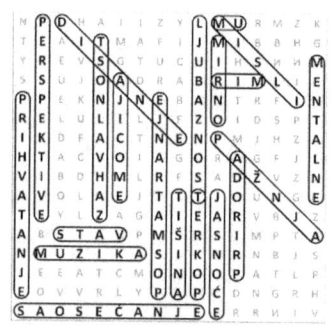

70 - Libros

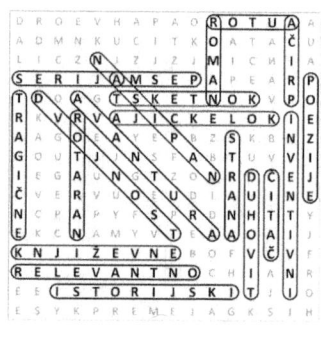

71 - Los Medios de Comunicación

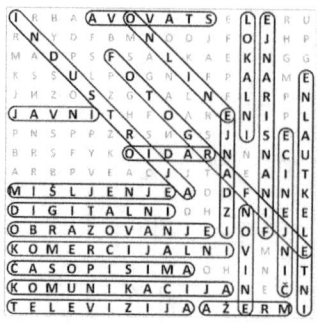

72 - Nutrición

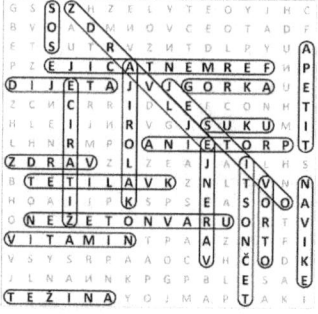

73 - Edificios

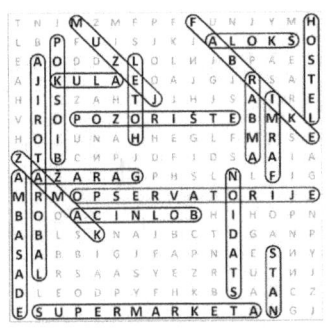

74 - Océano

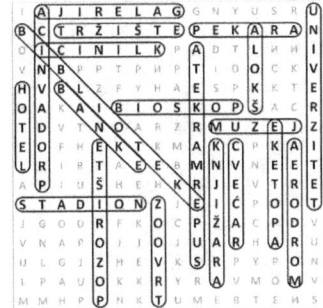

75 - Ciudad

76 - Agronomía

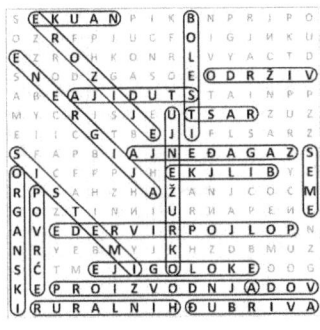

77 - Actividades y Ocio

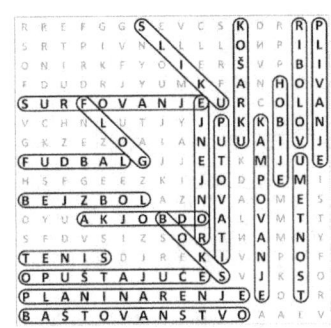

78 - Ingeniería

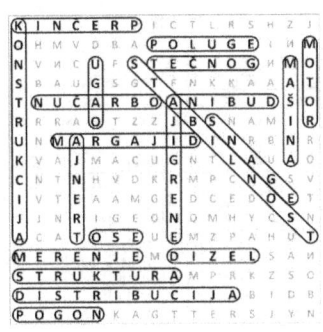

79 - Comida #1

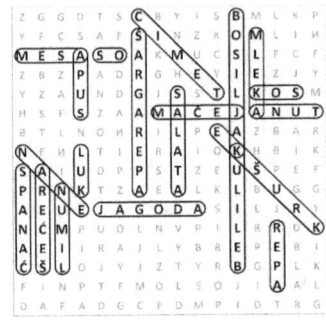

80 - Antigüedades

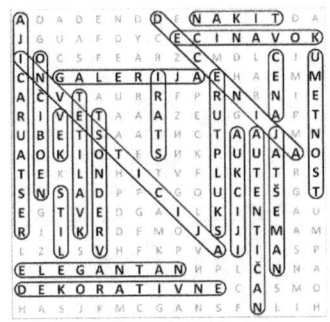

81 - Literatura

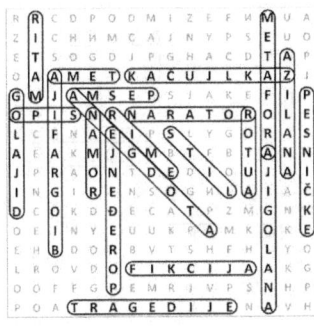

82 - Química

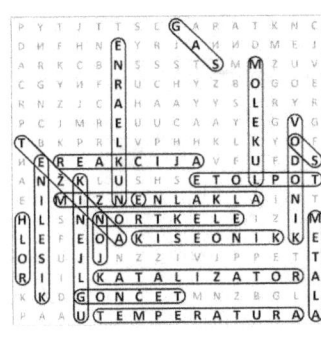

83 - Gobierno

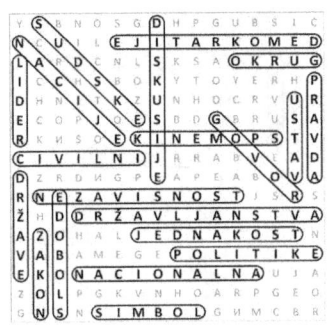

84 - Creatividad

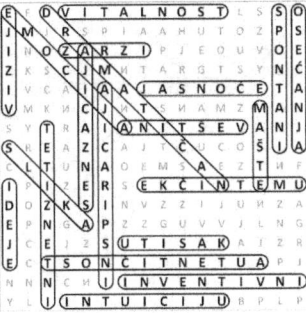

85 - Clima

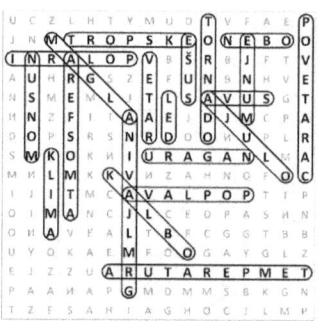

86 - Comida #2

87 - Arte

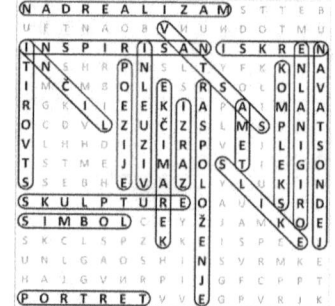

88 - Diplomacia

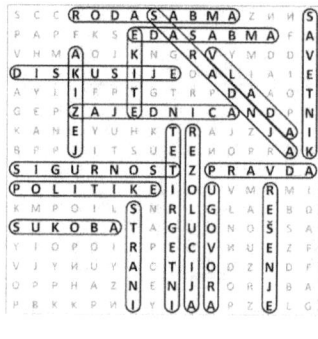

89 - Herboristería

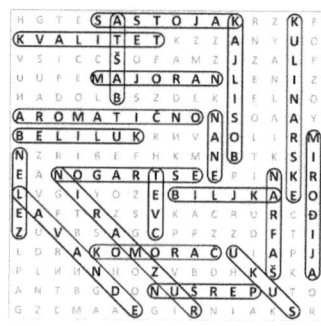

90 - Energía

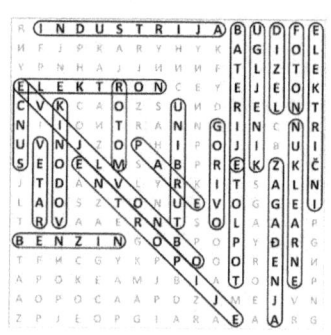

91 - Especias

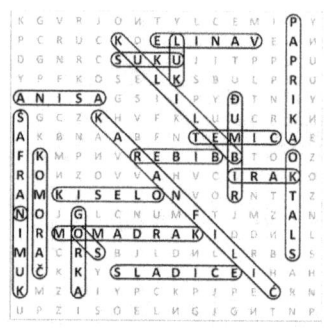

92 - Emociones

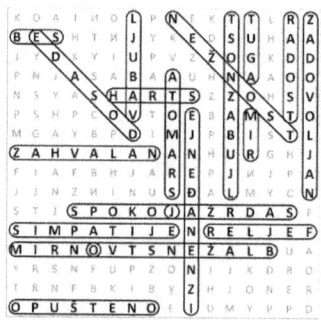

93 - Universo

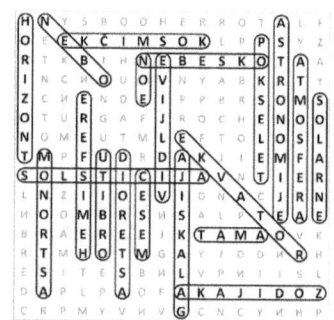

94 - Jazz

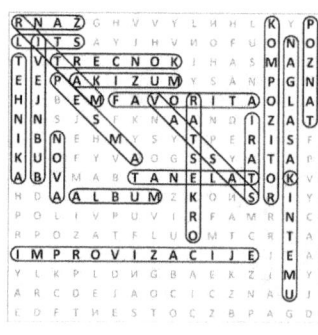

95 - Mediciones

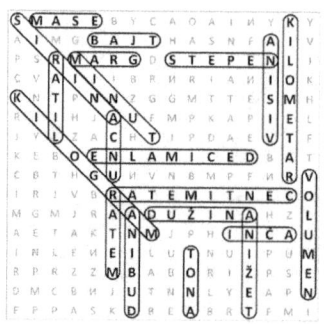

96 - Barcos

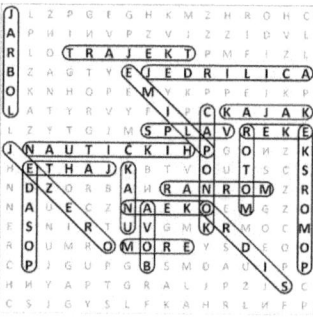

97 - Antártida

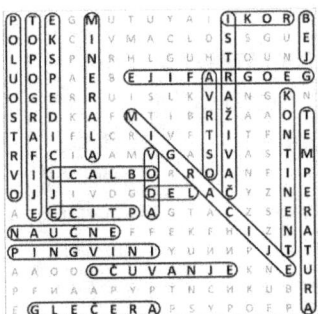

98 - Mamíferos

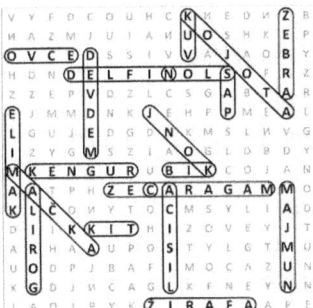

99 - Abejas

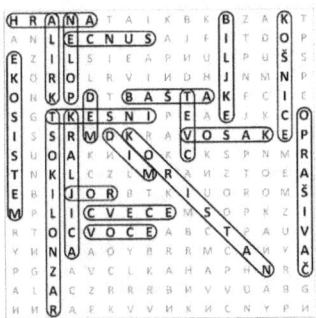

100 - Psicología

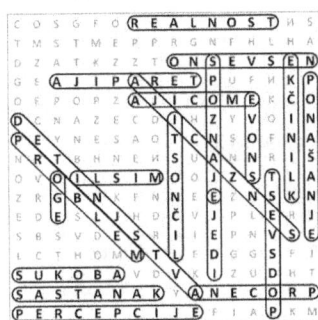

Diccionario

Abejas
Pčele

Alas	Krila
Beneficioso	Koristan
Cera	Vosak
Colmena	Košnice
Comida	Hrana
Diversidad	Raznolikost
Ecosistema	Ekosistem
Enjambre	Roj
Flor	Cvet
Flores	Cveće
Fruta	Voće
Humo	Dim
Insecto	Insekt
Jardín	Bašta
Miel	Med
Plantas	Biljke
Polen	Polen
Polinizador	Oprašivač
Reina	Kraljica
Sol	Sunce

Actividades
Aktivnosti

Actividad	Aktivnost
Arte	Umetnost
Artesanía	Zanata
Caza	Lov
Cerámica	Keramike
Costura	Šivenje
Fotografía	Fotografije
Habilidad	Veština
Intereses	Interese
Jardinería	Baštovanstvo
Juegos	Igre
Lectura	Čitanje
Magia	Magija
Ocio	Slobodno
Pesca	Ribolov
Pintura	Sliku
Placer	Zadovoljstvo
Relajación	Relaksacija
Rompecabezas	Zagonetke
Senderismo	Planinarenje

Actividades y Ocio
Aktivnosti i Slobodno Vr

Aficiones	Hobije
Arte	Umetnost
Baloncesto	Košarku
Béisbol	Bejzbol
Boxeo	Boks
Buceo	Ronjenje
Camping	Kampovanje
Fútbol	Fudbal
Golf	Golf
Jardinería	Baštovanstvo
Natación	Plivanje
Pesca	Ribolov
Pintura	Sliku
Relajante	Opuštajuće
Senderismo	Planinarenje
Surf	Surfovanje
Tenis	Tenis
Viaje	Putovati
Voleibol	Odbojka

Adjetivos #1
Придеви Бр.

Absoluto	Apsolutne
Activo	Aktivan
Ambicioso	Ambiciozan
Aromático	Aromatično
Atractivo	Atraktivne
Brillante	Svetao
Enorme	Ogroman
Generoso	Velikodušan
Grande	Velika
Honesto	Iskren
Importante	Važno
Inocente	Nevin
Joven	Mlad
Lento	Sporo
Moderno	Moderan
Oscuro	Tamno
Perfecto	Savršeno
Pesado	Teška
Serio	Ozbiljan
Valioso	Vredne

Adjetivos #2
Придеви Бр.

Cansado	Umoran
Comestible	Jestivo
Creativo	Kreativne
Descriptivo	Opisni
Dramático	Dramatičan
Elegante	Elegantan
Famoso	Poznat
Fresco	Sveže
Fuerte	Jak
Interesante	Zanimljivo
Natural	Prirodno
Normal	Normalno
Nuevo	Nova
Orgulloso	Ponosni
Picante	Začinjeno
Productivo	Produktivni
Responsable	Odgovoran
Salado	Slano
Saludable	Zdrav
Seco	Suva

Agronomía
Agronomija

Agricultura	Poljoprivrede
Agua	Voda
Ciencia	Nauke
Contaminación	Zagađenja
Crecimiento	Rast
Ecología	Ekologije
Energía	Energija
Enfermedades	Bolesti
Erosión	Erozije
Estudio	Studija
Fertilizante	Đubriva
Medio Ambiente	Okruženju
Orgánico	Organski
Plantas	Biljke
Producción	Proizvodnja
Rural	Ruralnih
Semillas	Seme
Sistemas	Sistemi
Sostenible	Održiv
Verduras	Povrće

Agua
Voda

Canal	Kanal
Ducha	Tuš
Evaporación	Isparavanja
Géiser	Gejzir
Helada	Mraz
Hielo	Led
Humedad	Vlažnosti
Huracán	Uragan
Húmedo	Vlažne
Inundación	Poplava
Lago	Jezero
Lluvia	Kiše
Monzón	Monsun
Nieve	Sneg
Océano	Okeana
Olas	Talasa
Potable	Pitke
Riego	Navodnjavanje
Río	Reke
Vapor	Pare

Antártida
Антарктика

Agua	Voda
Bahía	Bej
Científico	Naučne
Conservación	Očuvanje
Continente	Kontinent
Expedición	Ekspedicije
Geografía	Geografije
Glaciares	Glečera
Hielo	Led
Investigador	Istraživač
Islas	Ostrva
Migración	Migracije
Minerales	Minerala
Nubes	Oblaci
Pájaros	Ptice
Península	Poluostrvo
Pingüinos	Pingvini
Rocoso	Roki
Temperatura	Temperatura
Topografía	Topografije

Antigüedades
Antikviteti

Arte	Umetnost
Auténtico	Autentičan
Calidad	Kvalitet
Decorativo	Dekorativne
Décadas	Decenija
Elegante	Elegantan
Escultura	Skulpture
Estilo	Stil
Galería	Galerija
Inusual	Neobično
Inversión	Investicija
Joyas	Nakit
Monedas	Kovanice
Mueble	Nameštaj
Precio	Cena
Restauración	Restauracija
Siglo	Vek
Subasta	Aukciji
Valor	Vrednost
Viejo	Stari

Arqueología
Arheologija

Análisis	Analiza
Antigüedad	Antike
Años	Godine
Civilización	Civilizacije
Descendiente	Potomak
Desconocido	Nepoznat
Equipo	Tim
Era	Ere
Evaluación	Procena
Experto	Ekspert
Fósil	Fosil
Huesos	Kosti
Investigador	Istraživač
Misterio	Misterija
Objetos	Objekte
Olvidado	Zaboravio
Profesor	Profesor
Reliquia	Relikvija
Templo	Hram
Tumba	Grobnica

Arte
Umetnost

Cerámica	Keramičke
Complejo	Kompleks
Composición	Sastav
Crear	Stvoriti
Escultura	Skulpture
Expresión	Izraz
Honesto	Iskren
Humor	Raspoloženje
Inspirado	Inspirisan
Original	Originalne
Personal	Lični
Pinturas	Slike
Poesía	Poezije
Retratar	Portret
Sencillo	Jednostavan
Símbolo	Simbol
Surrealismo	Nadrealizam
Tema	Tema
Visual	Vizuelni

Artes Visuales
Vizuelne Umetnosti

Arcilla	Gline
Arquitectura	Arhitektura
Artista	Umetnik
Barniz	Lak
Caballete	Stalak
Carbón	Ugalj
Cera	Vosak
Cerámica	Keramike
Composición	Sastav
Creatividad	Kreativnost
Escultura	Skulpture
Fotografía	Fotografija
Lápiz	Olovka
Obra Maestra	Remek-Delo
Película	Film
Perspectiva	Perspektive
Pintura	Slikarstvo
Plantilla	Šablon
Retrato	Portret
Tiza	Krede

Astronomía
Astronomija

Asteroide	Asteroid
Astronauta	Astronauta
Astrónomo	Astronom
Cielo	Nebo
Cohete	Raketa
Constelación	Sazvežđe
Cosmos	Kosmos
Eclipse	Pomračenje
Equinoccio	Ravnodnevnica
Galaxia	Galaksija
Luna	Mesec
Meteoro	Meteor
Observatorio	Opservatorije
Planeta	Planete
Radiación	Zračenja
Satélite	Satelit
Supernova	Supernova
Telescopio	Teleskop
Tierra	Zemlje
Universo	Svemir

Aventura
Avantura

Actividad	Aktivnost
Alegría	Radost
Amigos	Prijatelji
Belleza	Lepota
Destino	Odredište
Dificultad	Teškoće
Entusiasmo	Entuzijazam
Excursión	Ekskurzije
Inusual	Neobično
Itinerario	Program
Naturaleza	Priroda
Navegación	Navigaciju
Nuevo	Nova
Oportunidad	Šansa
Peligroso	Opasan
Preparación	Priprema
Seguridad	Sigurnost
Sorprendente	Iznenađujuće
Valentía	Hrabrost
Viajes	Putuje

Aviones
Avioni

Aire	Vazduh
Altitud	Visinu
Altura	Visina
Aterrizaje	Sletanja
Atmósfera	Atmosfera
Aventura	Avantura
Cielo	Nebo
Combustible	Gorivo
Construcción	Konstrukcija
Dirección	Pravcu
Diseño	Dizajn
Globo	Balon
Hélices	Propelera
Hidrógeno	Vodonik
Historia	Istorija
Motor	Motor
Pasajero	Putnik
Piloto	Pilot
Tripulación	Posade
Turbulencia	Turbulencije

Álgebra
Algebra

Cantidad	Količina
Cero	Nula
Diagrama	Dijagram
División	Odsek
Ecuación	Jednačina
Exponente	Eksponent
Factor	Faktor
Falso	Lažne
Fórmula	Formulu
Fracción	Frakcija
Infinito	Beskrajna
Lineal	Linearne
Matriz	Matrica
Número	Broj
Paréntesis	Zagrada
Problema	Problem
Resolver	Reši
Resta	Oduzimanje
Solución	Rešenje
Variable	Promenljiva

Ballet
Balet

Aplauso	Aplauz
Artístico	Umetničke
Audiencia	Publike
Bailarina	Balerina
Bailarines	Plesača
Compositor	Kompozitor
Coreografía	Koreografija
Ensayo	Probe
Estilo	Stil
Expresivo	Izražajan
Gesto	Gest
Habilidad	Veština
Intensidad	Intenzitet
Músculos	Mišića
Música	Muzika
Orquesta	Orkestar
Práctica	Vežba
Ritmo	Ritam
Solo	Solo
Técnica	Tehnika

Barbacoas
Роштиљ

Almuerzo	Ručak
Caliente	Vruće
Cebollas	Luk
Cena	Večera
Cuchillos	Noževi
Ensaladas	Salate
Familia	Porodica
Fruta	Voće
Hambre	Glad
Juegos	Igre
Música	Muzika
Niños	Deca
Parrilla	Roštilj
Pimienta	Biber
Pollo	Pile
Sal	So
Salsa	Sos
Tomates	Paradajz
Verano	Leto
Verduras	Povrće

Barcos
Brodovi

Ancla	Sidro
Balsa	Splav
Boya	Bova
Canoa	Kanu
Cuerda	Konopac
Ferry	Trajekt
Kayak	Kajak
Lago	Jezero
Mar	More
Marea	Plime
Marinero	Mornar
Marítimo	Pomorske
Mástil	Jarbol
Motor	Motor
Náutico	Nautičkih
Océano	Okean
Río	Reke
Tripulación	Posade
Velero	Jedrilica
Yate	Jahte

Belleza
Lepota

Aceites	Ulja
Champú	Šampon
Color	Boja
Cosméticos	Kozmetika
Elegancia	Eleganciju
Elegante	Elegantan
Encanto	Šarm
Espejo	Ogledalo
Estilista	Stilista
Fotogénico	Fotogeniиan
Fragancia	Miris
Gracia	Grejs
Maquillaje	Šminka
Piel	Koža
Pintalabios	Ruž
Productos	Proizvodi
Rizos	Lokne
Rímel	Maskara
Servicios	Usluge
Tijeras	Makaze

Biología
Biologija

Anatomía	Anatomije
Bacterias	Bakterija
Celda	Ćeliju
Colágeno	Kolagena
Cromosoma	Hromozom
Embrión	Embrion
Enzima	Enzim
Evolución	Evolucije
Fotosíntesis	Fotosinteza
Hormona	Hormon
Mamífero	Sisar
Mutación	Mutacije
Natural	Prirodno
Nervio	Nerva
Neurona	Neuron
Ósmosis	Osmoze
Proteína	Proteina
Reptil	Reptil
Simbiosis	Simbioze
Sinapsis	Sinapse

Calentamiento Global
Globalno Zagrevanje

Ahora	Sada
Ambiental	Ekološka
Atención	Pažnja
Ártico	Arktik
Científico	Naučnik
Clima	Klima
Consecuencias	Posledice
Crisis	Krize
Datos	Podataka
Desarrollo	Razvoj
Energía	Energija
Futuro	Budućnost
Gas	Gas
Generaciones	Generacije
Gobierno	Vlada
Industria	Industrija
Internacional	Međunarodni
Legislación	Zakona
Poblaciones	Populacije
Temperaturas	Temperature

Camping
Kampovanje

Animales	Životinje
Aventura	Avantura
Árboles	Drveća
Bosque	Šuma
Brújula	Kompas
Cabina	Kabine
Canoa	Kanu
Caza	Lov
Cuerda	Konopac
Equipo	Oprema
Fuego	Požar
Hamaca	Viseća
Insecto	Insekt
Lago	Jezero
Linterna	Fenjer
Luna	Mesec
Mapa	Mapa
Montaña	Planine
Naturaleza	Priroda
Sombrero	Šešir

Casa
Kuća

Alfombra	Tepih
Ático	Tavanu
Biblioteca	Biblioteke
Chimenea	Kamin
Cocina	Kuhinja
Dormitorio	Sobi
Ducha	Tuš
Escoba	Metla
Espejo	Ogledalo
Garaje	Garaža
Grifo	Slavina
Jardín	Bašta
Lámpara	Lampa
Pared	Zid
Piso	Pod
Puerta	Vrata
Sótano	Podrum
Techo	Krov
Valla	Ograde
Ventana	Prozor

Ciencia
Nauka

Átomo	Atom
Científico	Naučnik
Clima	Klima
Datos	Podataka
Evolución	Evolucije
Experimento	Eksperiment
Física	Fizike
Fósil	Fosil
Gravedad	Gravitacije
Hecho	Stvari
Hipótesis	Hipoteze
Laboratorio	Laboratorija
Método	Metod
Minerales	Minerala
Moléculas	Molekula
Naturaleza	Priroda
Organismo	Organizma
Partículas	Čestice
Plantas	Biljke
Químico	Hemijske

Ciencia Ficción
Naučna Fantastika

Atómico	Atomske
Cine	Bioskop
Distante	Dalekoj
Explosión	Eksplozije
Extremo	Ekstremne
Fantástico	Fantastičan
Fuego	Požar
Futurista	Futuristički
Galaxia	Galaksija
Ilusión	Iluzije
Imaginario	Imaginarne
Libros	Knjige
Misterioso	Tajanstven
Mundo	Svet
Oráculo	Proročište
Planeta	Planete
Realista	Realno
Robots	Robota
Tecnología	Tehnologija
Utopía	Utopije

Ciudad
Grad

Aeropuerto	Aerodrom
Banco	Banke
Biblioteca	Biblioteke
Cine	Bioskop
Clínica	Klinici
Escuela	Škola
Estadio	Stadion
Farmacia	Apoteke
Florista	Cvećar
Galería	Galerija
Hotel	Hotel
Librería	Knjižara
Mercado	Tržište
Museo	Muzej
Panadería	Pekara
Supermercado	Supermarketa
Teatro	Pozorište
Tienda	Prodavnica
Universidad	Univerzitet
Zoo	Zoo Vrt

Clima
Vreme

Atmósfera	Atmosfera
Brisa	Povetarac
Cielo	Nebo
Clima	Klima
Hielo	Led
Huracán	Uragan
Inundación	Poplava
Monzón	Monsun
Niebla	Magla
Nube	Oblak
Polar	Polarni
Rayo	Munje
Seco	Suva
Sequía	Suše
Temperatura	Temperatura
Tormenta	Oluja
Tornado	Tornado
Tropical	Tropske
Trueno	Grmljavina
Viento	Vetar

Cocina
Kuhinja

Caldera	Čajnik
Comida	Hrana
Congelador	Zamrzivač
Cucharas	Kašike
Cucharón	Lonca
Cuchillos	Noževi
Delantal	Kecelja
Especias	Začini
Esponja	Sunđer
Horno	Rerna
Jarra	Vrč
Palillos	Štapići
Parrilla	Roštilj
Receta	Recept
Refrigerador	Frižider
Servilleta	Salveta
Tarro	Teglu
Tazas	Šolje
Tazón	Činiju
Tenedores	Viljuške

Comida #1
Храна Бр.

Ajo	Beli Luk
Albahaca	Bosiljak
Atún	Tuna
Azúcar	Šećera
Canela	Cimet
Carne	Mesa
Cebada	Ječam
Cebolla	Luk
Ensalada	Salata
Espinacas	Spanać
Fresa	Jagoda
Jugo	Sok
Leche	Mleka
Limón	Limun
Menta	Nane
Nabo	Repa
Pera	Kruške
Sal	So
Sopa	Supa
Zanahoria	Šargarepa

Comida #2
Храна # 2

Alcachofa	Artičoke
Almendra	Badem
Apio	Celer
Arroz	Pirinač
Berenjena	Patlidžan
Cereza	Višnje
Chocolate	Čokolada
Girasol	Suncokret
Huevo	Jaje
Jengibre	Đumbir
Kiwi	Kivi
Manzana	Jabuka
Pan	Hleb
Plátano	Banane
Pollo	Pile
Queso	Sir
Tomate	Paradajz
Trigo	Pšenice
Uva	Grožđa
Yogur	Jogurt

Conduciendo
Vožnja

Accidente	Nesreća
Autobús	Autobus
Calle	Ulici
Camión	Kamion
Coche	Kola
Combustible	Gorivo
Frenos	Kočnice
Garaje	Garaža
Gas	Gas
Licencia	Licencu
Mapa	Mapa
Motocicleta	Motor
Peatonal	Pešak
Peligro	Opasnost
Policía	Policija
Seguridad	Sigurnost
Transporte	Prevoz
Tráfico	Saobraćaja
Túnel	Tunel
Velocidad	Brzina

Creatividad
Kreativnost

Artístico	Umetničke
Autenticidad	Autentičnost
Claridad	Jasnoće
Dramático	Dramatičan
Emociones	Emocija
Espontáneo	Spontani
Expresión	Izraz
Habilidad	Veština
Ideas	Ideje
Imagen	Slika
Imaginación	Mašte
Impresión	Utisak
Inspiración	Inspiracija
Intensidad	Intenzitet
Intuición	Intuiciju
Inventivo	Inventivni
Sensación	Senzacija
Sentimientos	Osećanja
Visiones	Vizije
Vitalidad	Vitalnost

Cuerpo Humano
Ljudsko Telo

Barbilla	Brada
Boca	Usta
Cabeza	Glava
Cara	Lice
Cerebro	Mozak
Codo	Lakat
Corazón	Srce
Cuello	Vrat
Dedo	Prst
Hombro	Rame
Lengua	Jezik
Mano	Ruka
Nariz	Nos
Ojo	Oko
Oreja	Uvo
Piel	Koža
Pierna	Nogu
Rodilla	Koleno
Sangre	Krv
Tobillo	Skočni Zglob

Diplomacia
Diplomatija

Asesor	Savetnik
Comunidad	Zajednica
Conflicto	Sukoba
Cooperación	Saradnja
Diplomático	Diplomatske
Discusión	Diskusije
Embajada	Ambasade
Embajador	Ambasador
Extranjero	Strani
Ética	Etike
Gobierno	Vlada
Humanitario	Humanitarne
Idiomas	Jezika
Integridad	Integritet
Justicia	Pravda
Política	Politike
Resolución	Rezolucija
Seguridad	Sigurnost
Solución	Rešenje
Tratado	Ugovora

Disciplinas Científicas
Naučne Discipline

Anatomía	Anatomije
Arqueología	Arheologije
Astronomía	Astronomije
Biología	Biologije
Bioquímica	Biohemije
Botánica	Botanike
Ecología	Ekologije
Fisiología	Fiziologije
Geología	Geologije
Inmunología	Imunologije
Lingüística	Lingvistike
Mecánica	Mehanike
Meteorología	Meteorologije
Mineralogía	Mineralogija
Neurología	Neurologije
Psicología	Psihologije
Química	Hemije
Sociología	Sociologije
Termodinámica	Termodinamike
Zoología	Zoologije

Días y Meses
Dani i Meseci

Abril	April
Agosto	Avgust
Año	Godina
Calendario	Kalendar
Diciembre	Decembar
Domingo	Subota
Enero	Januar
Febrero	Februar
Jueves	Četvrtak
Julio	Jul
Junio	Jun
Lunes	Ponedeljak
Martes	Utorak
Mes	Meseca
Miércoles	Sreda
Noviembre	Novembar
Octubre	Oktobar
Semana	Nedelja
Septiembre	Septembar
Viernes	Petak

Ecología
Ekologija

Clima	Klima
Comunidades	Zajednice
Diversidad	Raznolikost
Especie	Vrste
Fauna	Faune
Flora	Flore
Global	Globalno
Hábitat	Stanište
Marino	Morskih
Natural	Prirodno
Naturaleza	Priroda
Pantano	Močvara
Plantas	Biljke
Recursos	Resurse
Sequía	Suše
Sostenible	Održiv
Supervivencia	Opstanak
Variedad	Različite
Vegetación	Vegetacije
Voluntarios	Volontera

Edificios
Zgrade

Albergue	Hostel
Apartamento	Stan
Castillo	Zamak
Cine	Bioskop
Embajada	Ambasade
Escuela	Škola
Estadio	Stadion
Fábrica	Fabrike
Garaje	Garaža
Granero	Ambar
Granja	Farmi
Hospital	Bolnica
Hotel	Hotel
Laboratorio	Laboratorija
Museo	Muzej
Observatorio	Opservatorije
Supermercado	Supermarketa
Teatro	Pozorište
Torre	Kula
Universidad	Univerzitet

Electricidad
Електрична Енергија

Almacenamiento	Skladište
Batería	Baterije
Bombilla	Sijalica
Cable	Kabl
Cables	Žice
Cantidad	Količina
Electricista	Električar
Eléctrico	Električni
Enchufe	Utičnica
Equipo	Oprema
Generador	Generator
Imán	Magnet
Lámpara	Lampa
Láser	Laser
Negativo	Negativne
Objetos	Objekte
Positivo	Pozitivno
Red	Mreža
Televisión	Televizija
Teléfono	Telefon

Emociones
Emocije

Aburrimiento	Dosade
Agradecido	Zahvalan
Alegría	Radost
Alivio	Reljef
Amor	Ljubav
Avergonzado	Sramota
Beatitud	Blaženstvo
Bondad	Ljubaznost
Calma	Mirno
Contenido	Sadržaj
Ira	Bes
Miedo	Strah
Paz	Mir
Relajado	Opušteno
Satisfecho	Zadovoljan
Simpatía	Simpatije
Sorpresa	Iznenađenje
Ternura	Nežnost
Tranquilidad	Spokoj
Tristeza	Tuga

Energía
Energija

Batería	Baterije
Calor	Toplote
Carbono	Ugljenik
Combustible	Gorivo
Contaminación	Zagađenja
Diesel	Dizel
Electrón	Elektron
Eléctrico	Električni
Entropía	Entropije
Fotón	Foton
Gasolina	Benzin
Hidrógeno	Vodonik
Industria	Industrija
Motor	Motor
Nuclear	Nuklearne
Renovable	Obnovljive
Sol	Sunce
Turbina	Turbinu
Vapor	Pare
Viento	Vetar

Enfermedad
Bolest

Abdominal	Trbušnjaci
Alergias	Alergije
Bienestar	Vellness
Contagioso	Zarazne
Corazón	Srce
Crónica	Hronične
Cuerpo	Telo
Débil	Slab
Genético	Genetske
Hereditario	Nasledne
Huesos	Kosti
Inflamación	Upalu
Inmunidad	Imunitet
Lumbar	Lumbalne
Neuropatía	Neuropatija
Pulmonar	Plućne
Respiratorio	Respiratorna
Salud	Zdravlje
Síndrome	Sindrom
Terapia	Terapija

Especias
Začini

Agrio	Kiselo
Ajo	Beli Luk
Amargo	Gorka
Anís	Anisa
Azafrán	Šafran
Canela	Cimet
Cardamomo	Kardamom
Cebolla	Luk
Clavo	Karanfilić
Comino	Kumin
Curry	Kari
Dulce	Slatko
Hinojo	Komorač
Jengibre	Đumbir
Pimentón	Paprika
Pimienta	Biber
Regaliz	Sladiće
Sabor	Ukus
Sal	So
Vainilla	Vanile

Familia
Porodica

Abuela	Baka
Abuelo	Deda
Antepasado	Predak
Esposa	Supruga
Hermana	Sestra
Hermano	Brat
Hija	Ćerka
Infancia	Detinjstva
Madre	Majka
Marido	Muž
Materno	Majčinske
Nieto	Unuk
Niño	Dete
Niños	Deca
Padre	Otac
Primo	Rođak
Sobrina	Nećakinja
Sobrino	Nećak
Tía	Tetka
Tío	Ujak

Física
Fizika

Aceleración	Ubrzanje
Átomo	Atom
Caos	Haos
Densidad	Gustine
Electrón	Elektron
Fórmula	Formulu
Frecuencia	Frekvencija
Gas	Gas
Gravedad	Gravitacije
Magnetismo	Magnetizam
Masa	Mase
Mecánica	Mehanike
Molécula	Molekul
Motor	Motor
Nuclear	Nuklearne
Partícula	Čestica
Químico	Hemijske
Relatividad	Relativnost
Universal	Univerzalna
Velocidad	Brzine

Flores
Cveće

Amapola	Maka
Diente de León	Maslačak
Gardenia	Gardenija
Girasol	Suncokret
Hibisco	Hibiskus
Jazmín	Jasmin
Lavanda	Lavande
Lila	Jorgovan
Lirio	Lili
Magnolia	Magnolije
Margarita	Dejzi
Orquídea	Orhideja
Pasionaria	Passionflover
Peonía	Božur
Pétalo	Latica
Plumeria	Plumerija
Ramo	Buket
Rosa	Ruža
Trébol	Detelina
Tulipán	Lala

Formas
Oblici

Arco	Luk
Bordes	Ivice
Cilindro	Cilindar
Círculo	Krug
Cono	Klip
Cuadrado	Kvadrat
Cubo	Kocka
Curva	Krive
Elipse	Elipse
Esfera	Sferi
Esquina	Ugao
Hipérbola	Hiperbola
Lado	Strana
Línea	Red
Oval	Ovalne
Pirámide	Piramide
Polígono	Poligona
Prisma	Prizme
Rectángulo	Pravougaonik
Triángulo	Trougao

Fruta
Voće

Aguacate	Avokado
Albaricoque	Kajsije
Baya	Berri
Cereza	Višnje
Ciruela	Plam
Coco	Kokos
Frambuesa	Maline
Kiwi	Kivi
Limón	Limun
Mango	Mango
Manzana	Jabuka
Melocotón	Breskve
Melón	Dinja
Naranja	Pomorandža
Nectarina	Nektarina
Papaya	Papaja
Pera	Kruške
Piña	Ananas
Plátano	Banane
Uva	Grožđa

Fuerza y Gravedad
Sila i Gravitacija

Centro	Centar
Descubrimiento	Otkriće
Dinámico	Dinamičan
Distancia	Udaljenost
Eje	Ose
Expansión	Ekspanzija
Física	Fizike
Fricción	Trenja
Impacto	Uticaj
Magnetismo	Magnetizam
Mecánica	Mehanike
Movimiento	Pokretu
Órbita	Orbitu
Peso	Težina
Planetas	Planete
Presión	Pritisak
Propiedades	Svojstva
Tiempo	Vreme
Universal	Univerzalna
Velocidad	Brzina

Geografía
Geografija

Altitud	Visinu
Atlas	Atlas
Ciudad	Grad
Continente	Kontinent
Ecuador	Ekvator
Elevación	Visina
Hemisferio	Hemisfere
Isla	Ostrvo
Mapa	Mapa
Mar	More
Meridiano	Meridijan
Montaña	Planine
Mundo	Svet
Norte	Sever
Oeste	Zapad
País	Zemlju
Región	Regiona
Río	Reke
Sur	Jug
Territorio	Teritorije

Geología
Geologija

Ácido	Kiseline
Calcio	Kalcijum
Capa	Sloj
Caverna	Kaverna
Continente	Kontinent
Coral	Koral
Cristales	Kristala
Cuarzo	Kvarc
Erosión	Erozije
Estalactita	Stalaktit
Estalagmitas	Stalagmita
Fósil	Fosil
Géiser	Gejzir
Lava	Lava
Meseta	Plato
Minerales	Minerala
Piedra	Kamen
Sal	So
Terremoto	Zemljotres
Volcán	Vulkan

Geometría
Geometrija

Altura	Visina
Ángulo	Ugao
Cálculo	Obračun
Curva	Krive
Diámetro	Prečnik
Dimensión	Dimenziju
Ecuación	Jednačina
Horizontal	Horizontalne
Lógica	Logike
Masa	Mase
Mediana	Medijana
Número	Broj
Paralelo	Paralelni
Proporción	Procenat
Segmento	Segment
Simetría	Simetrija
Superficie	Površina
Teoría	Teorije
Triángulo	Trougao
Vertical	Vertikalne

Gobierno
Vlade

Ciudadanía	Državljanstva
Civil	Civilni
Constitución	Ustav
Democracia	Demokratije
Discurso	Govor
Discusión	Diskusije
Distrito	Okrug
Estado	Države
Igualdad	Jednakost
Independencia	Nezavisnost
Judicial	Sudske
Justicia	Pravda
Ley	Zakon
Libertad	Slobode
Líder	Lider
Monumento	Spomenik
Nacional	Nacionalna
Nación	Nacije
Política	Politike
Símbolo	Simbol

Granja #1
Фарма Бр.

Abeja	Pčela
Agricultura	Poljoprivrede
Agua	Voda
Arroz	Pirinač
Burro	Magarac
Caballo	Konj
Cabra	Koza
Campo	Polje
Cuervo	Vrana
Fertilizante	Đubriva
Gato	Mačka
Heno	Seno
Miel	Med
Perro	Pas
Pollo	Pile
Semillas	Seme
Ternero	Tele
Tierra	Zemlja
Vaca	Krava
Valla	Ograde

Granja #2
Фарма # 2

Agricultor	Farmer
Animales	Životinje
Cebada	Ječam
Colmena	Košnica
Comida	Hrana
Cordero	Jagnje
Fruta	Voće
Granero	Ambar
Huerto	Voćnjak
Leche	Mleka
Llama	Lame
Maíz	Kukuruz
Oveja	Ovce
Pastor	Pastir
Pato	Patka
Prado	Livada
Riego	Navodnjavanje
Tractor	Traktor
Trigo	Pšenice
Vegetal	Povrća

Herboristería
Herbalizam

Ajo	Beli Luk
Albahaca	Bosiljak
Aromático	Aromatično
Azafrán	Šafran
Calidad	Kvalitet
Culinario	Kulinarske
Eneldo	Mirođija
Estragón	Estragon
Flor	Cvet
Hinojo	Komorač
Ingrediente	Sastojak
Jardín	Bašta
Lavanda	Lavande
Mejorana	Majoran
Menta	Nane
Perejil	Peršun
Planta	Biljka
Romero	Ruzmarin
Sabor	Ukus
Verde	Zelen

Ingeniería
Инжењерска Уметност

Ángulo	Ugao
Cálculo	Obračun
Construcción	Konstrukcija
Diagrama	Dijagram
Diámetro	Prečnik
Diesel	Dizel
Distribución	Distribucija
Eje	Ose
Energía	Energija
Estabilidad	Stabilnost
Estructura	Struktura
Fricción	Trenja
Fuerza	Snage
Líquido	Tečnog
Máquina	Mašina
Medición	Merenje
Motor	Motor
Palancas	Poluge
Profundidad	Dubina
Propulsión	Pogon

Instrumentos Musicales
Muzički Instrumenti

Armónica	Harmonika
Arpa	Harfe
Banjo	Bendžo
Baquetas	Batak
Clarinete	Klarinet
Fagot	Fagot
Flauta	Flauta
Gong	Gong
Guitarra	Gitara
Mandolina	Mandolina
Oboe	Obou
Pandereta	Tamburaša
Percusión	Udaraljke
Piano	Klavir
Saxofón	Saksofon
Tambor	Bubanj
Trombón	Trombon
Trompeta	Truba
Violín	Violinu
Violonchelo	Violončelo

Jardinería
Baštovanstvo

Agua	Voda
Botánico	Botanički
Clima	Klima
Comestible	Jestivo
Compost	Kompost
Contenedor	Kontejner
Especie	Vrste
Estacional	Sezonski
Exótico	Egzotične
Flor	Cvet
Floral	Cvetni
Follaje	Lišće
Hoja	List
Huerto	Voćnjak
Humedad	Vlage
Manguera	Crevo
Ramo	Buket
Semillas	Seme
Suciedad	Prljavštine
Suelo	Zemlja

Jardín
Гарден

Arbusto	Grm
Árbol	Drvo
Banco	Klupa
Césped	Travnjak
Estanque	Jezeru
Flor	Cvet
Garaje	Garaža
Hamaca	Viseća
Hierba	Trava
Huerto	Voćnjak
Jardín	Bašta
Malezas	Korov
Manguera	Crevo
Pala	Lopata
Porche	Trem
Rastrillo	Grablje
Suelo	Zemlja
Terraza	Terasa
Trampolín	Trampolin
Valla	Ograde

Jazz
Džez

Artista	Umetnik
Álbum	Album
Canción	Pesma
Composición	Sastav
Compositor	Kompozitor
Concierto	Koncert
Estilo	Stil
Énfasis	Naglasak
Famoso	Poznat
Favoritos	Favorita
Género	Žanr
Improvisación	Improvizacije
Música	Muzika
Nuevo	Nova
Orquesta	Orkestar
Ritmo	Ritam
Talento	Talenat
Tambores	Bubnjevi
Técnica	Tehnika
Viejo	Stari

La Empresa
Kompanija

Calidad	Kvalitet
Creativo	Kreativne
Decisión	Odluka
Empleo	Zaposlenje
Global	Globalno
Industria	Industrija
Ingresos	Prihod
Innovador	Inovativne
Inversión	Investicija
Negocio	Posao
Posibilidad	Mogućnost
Presentación	Prezentacija
Producto	Proizvod
Profesional	Profesionalni
Progreso	Napredak
Recursos	Resurse
Reputación	Ugled
Riesgos	Rizici
Tendencias	Trendove
Unidades	Jedinice

Libros
Knjige

Autor	Autor
Aventura	Avantura
Colección	Kolekcija
Contexto	Kontekst
Dualidad	Dvojnost
Escrito	Napisan
Historia	Priča
Histórico	Istorijski
Humorístico	Duhovit
Inventivo	Inventivni
Lector	Čitač
Literario	Književne
Narrador	Narator
Novela	Roman
Página	Strana
Pertinente	Relevantno
Poema	Pesma
Poesía	Poezije
Serie	Serija
Trágico	Tragične

Literatura
Književnost

Analogía	Analogija
Análisis	Analiza
Anécdota	Anegdota
Autor	Autor
Biografía	Biografija
Comparación	Poređenje
Conclusión	Zaključak
Descripción	Opis
Diálogo	Dijalog
Estilo	Stil
Ficción	Fikcija
Metáfora	Metafora
Narrador	Narator
Novela	Roman
Poema	Pesma
Poético	Pesničke
Rima	Rime
Ritmo	Ritam
Tema	Tema
Tragedia	Tragedije

Los Medios de Comunicación
Mediji

Actitudes	Stavova
Comercial	Komercijalni
Comunicación	Komunikacija
Digital	Digitalni
Edición	Izdanje
Educación	Obrazovanje
En Línea	Online
Financiación	Finansiranje
Fotos	Fotografije
Hechos	Činjenice
Industria	Industrija
Intelectual	Intelektualne
Local	Lokalni
Opinión	Mišljenje
Periódicos	Novine
Público	Javni
Radio	Radio
Red	Mreža
Revistas	Časopisima
Televisión	Televizija

Mamíferos
Sisari

Ballena	Kit
Burro	Magarac
Caballo	Konj
Camello	Kamile
Canguro	Kengur
Cebra	Zebra
Conejo	Zec
Coyote	Kojota
Delfín	Delfin
Elefante	Slon
Gato	Mačka
Gorila	Gorila
Jirafa	Žirafa
Lobo	Vuk
Mono	Majmun
Oso	Medved
Oveja	Ovce
Perro	Pas
Toro	Bik
Zorro	Lisica

Matemáticas
Matematike

Aritmética	Aritmetika
Ángulos	Uglova
Circunferencia	Obim
Decimal	Decimalne
Diámetro	Prečnik
Ecuación	Jednačina
Esfera	Sferi
Exponente	Eksponent
Fracción	Frakcija
Geometría	Geometrije
Paralelo	Paralelni
Paralelogramo	Paralelogram
Perímetro	Perimetar
Perpendicular	Upravno
Polígono	Poligona
Radio	Radijus
Rectángulo	Pravougaonik
Simetría	Simetrija
Triángulo	Trougao
Volumen	Volumen

Mediciones
Меасурементс

Altura	Visina
Ancho	Širina
Byte	Bajt
Centímetro	Centimetar
Decimal	Decimalne
Grado	Stepen
Gramo	Gram
Kilogramo	Kilogram
Kilómetro	Kilometar
Litro	Litar
Longitud	Dužina
Masa	Mase
Metro	Metar
Minuto	Minut
Onza	Unca
Peso	Težina
Profundidad	Dubina
Pulgada	Inča
Tonelada	Tona
Volumen	Volumen

Meditación
Meditacija

Aceptación	Prihvatanje
Atención	Pažnja
Bondad	Ljubaznost
Calma	Mirno
Claridad	Jasnoće
Compasión	Saosećanje
Emociones	Emocija
Gratitud	Zahvalnost
Mental	Mentalne
Mente	Um
Movimiento	Pokret
Música	Muzika
Naturaleza	Priroda
Observación	Posmatranje
Paz	Mir
Pensamientos	Misli
Perspectiva	Perspektive
Postura	Stav
Respiración	Disanje
Silencio	Tišina

Mitología
Mitologija

Arquetipo	Arhetip
Celos	Ljubomore
Cielo	Nebesa
Comportamiento	Ponašanje
Creación	Stvaranje
Creencias	Uverenja
Criatura	Stvorenje
Cultura	Kultura
Desastre	Katastrofe
Fuerza	Snage
Guerrero	Ratnik
Héroe	Heroj
Inmortalidad	Besmrtnost
Laberinto	Lavirint
Leyenda	Legenda
Monstruo	Čudovište
Mortal	Smrtni
Rayo	Munje
Trueno	Grmljavina
Venganza	Osveta

Moda
Moda

Bordado	Vez
Botones	Dugmad
Boutique	Butik
Caro	Skupo
Elegante	Elegantan
Encaje	Čipke
Estilo	Stil
Mediciones	Mere
Minimalista	Minimalista
Moderno	Moderan
Modesto	Skroman
Original	Originalne
Patrón	Obrazac
Práctico	Praktične
Ropa	Odeću
Sencillo	Jednostavan
Sofisticado	Sofisticiran
Tejido	Tkanina
Tendencia	Trend
Textura	Teksture

Música
Muzika

Armonía	Harmonije
Armónico	Harmonika
Álbum	Album
Balada	Balada
Cantante	Pevačica
Cantar	Pevam
Clásico	Klasične
Coro	Hor
Grabación	Snimanje
Improvisar	Improvizujem
Instrumento	Instrument
Melodía	Melodi
Micrófono	Mikrofon
Musical	Muzičke
Músico	Muzičar
Ópera	Opere
Poético	Pesničke
Ritmo	Ritam
Tempo	Tempo
Vocal	Vokal

Naturaleza
Priroda

Abejas	Pčele
Animales	Životinje
Ártico	Arktik
Belleza	Lepota
Bosque	Šuma
Desierto	Pustinji
Dinámico	Dinamičan
Erosión	Erozije
Follaje	Lišće
Glaciar	Glečer
Niebla	Magla
Nubes	Oblaci
Pacífico	Mirno
Refugio	Sklonište
Río	Reke
Salvaje	Divlja
Santuario	Svetilište
Sereno	Spokojan
Tropical	Tropske
Vital	Vitalni

Negocio
Biznis

Carrera	Karijera
Costo	Troška
Descuento	Popust
Dinero	Novac
Economía	Ekonomije
Empleado	Zaposlenog
Empleador	Poslodavca
Empresa	Kompanija
Fábrica	Fabrike
Finanzas	Finansija
Impuestos	Porez
Inversión	Investicija
Mercancía	Robe
Moneda	Valute
Oficina	Kancelarije
Presupuesto	Budžet
Tienda	Radnju
Trabajo	Posao
Transacción	Transakcije
Venta	Prodaja

Nutrición
Ishrana

Amargo	Gorka
Apetito	Apetit
Calidad	Kvalitet
Calorías	Kalorija
Cereales	Žitarice
Comestible	Jestivo
Dieta	Dijeta
Digestión	Varenje
Equilibrado	Uravnotežen
Fermentación	Fermentacije
Hábitos	Navike
Líquidos	Tečnosti
Peso	Težina
Proteínas	Proteina
Sabor	Ukus
Salsa	Sos
Salud	Zdravlje
Saludable	Zdrav
Toxina	Otrov
Vitamina	Vitamin

Números
Brojevi

Catorce	Četrnaest
Cero	Nula
Cinco	Pet
Cuatro	Četiri
Decimal	Decimalne
Diecinueve	Devetnaest
Dieciocho	Osamnaest
Dieciséis	Šesnaest
Diecisiete	Sedamnaest
Diez	Deset
Doce	Dvanaest
Dos	Dva
Nueve	Devet
Ocho	Osam
Quince	Petnaest
Seis	Šest
Siete	Sedam
Trece	Trinaest
Tres	Tri
Veinte	Dvadeset

Océano
Okeana

Alga	Alge
Anguila	Jegulja
Arrecife	Greben
Atún	Tuna
Ballena	Kit
Barco	Čamac
Camarón	Škampi
Cangrejo	Kraba
Coral	Koral
Delfín	Delfin
Esponja	Sunđer
Mareas	Plime
Medusa	Meduza
Ostra	Ostriga
Pescado	Ribe
Pulpo	Hobotnice
Sal	So
Tiburón	Ajkula
Tormenta	Oluja
Tortuga	Kornjača

Paisajes
Pejzaži

Cascada	Vodopad
Cueva	Pećine
Desierto	Pustinji
Estuario	Ušća
Géiser	Gejzir
Glaciar	Glečer
Iceberg	Ledenog Brega
Isla	Ostrvo
Lago	Jezero
Laguna	Lagune
Mar	More
Montaña	Planine
Oasis	Oaze
Pantano	Močvara
Península	Poluostrvo
Playa	Plaža
Río	Reke
Tundra	Tundre
Valle	Dolini
Volcán	Vulkan

Países #1
Zemlje #1

Alemania	Nemačka
Argentina	Argentina
Bélgica	Belgiji
Brasil	Brazil
Canadá	Kanada
Ecuador	Ekvador
Egipto	Egipat
España	Španija
Filipinas	Filipini
Honduras	Honduras
India	Indija
Italia	Italija
Libia	Libija
Malí	Mali
Marruecos	Maroko
Nicaragua	Nikaragva
Noruega	Norveška
Panamá	Panama
Polonia	Poljska
Venezuela	Venecuela

Países #2
Zemlje #2

Albania	Albanija
Australia	Australija
Austria	Austrija
Dinamarca	Danska
Etiopía	Etiopije
Francia	Francuske
Grecia	Grčke
Indonesia	Indonezija
Irlanda	Irska
Jamaica	Jamajka
Japón	Japan
Laos	Laos
México	Meksiko
Pakistán	Pakistan
Portugal	Portugal
Rusia	Rusija
Siria	Sirije
Sudán	Sudan
Ucrania	Ukrajina
Uganda	Ugandi

Pájaros
Ptice

Avestruz	Noja
Águila	Orao
Cigüeña	Roda
Cisne	Labud
Cuco	Kukavica
Cuervo	Vrana
Flamenco	Flamingo
Ganso	Guska
Garza	Heron
Gaviota	Galeb
Gorrión	Vrapca
Halcón	Soko
Huevo	Jaje
Loro	Papagaj
Paloma	Golub
Pato	Patka
Pelícano	Pelikan
Pingüino	Pingvin
Pollo	Pile
Tucán	Tukan

Plantas
Biljke

Arbusto	Grm
Árbol	Drvo
Bambú	Bambus
Baya	Berri
Bosque	Šuma
Botánica	Botanike
Cactus	Kaktus
Fertilizante	Đubriva
Flor	Cvet
Flora	Flore
Follaje	Lišće
Frijol	Pasulj
Hiedra	Bršljan
Hierba	Trava
Hoja	List
Jardín	Bašta
Musgo	Mahovina
Pétalo	Latica
Raíz	Koren
Vegetación	Vegetacije

Profesiones #1
Професије Бр.

Abogado	Advokat
Astrónomo	Astronom
Atleta	Sportista
Bailarín	Plesačica
Banquero	Bankar
Bombero	Vatrogasac
Cartógrafo	Kartograf
Cazador	Lovac
Científico	Naučnik
Doctor	Lekar
Editor	Urednik
Embajador	Ambasador
Enfermera	Sestra
Entrenador	Trener
Geólogo	Geolog
Joyero	Zlatar
Músico	Muzičar
Pianista	Pijanista
Psicólogo	Psiholog
Veterinario	Veterinar

Profesiones #2
Професије Бр.

Astronauta	Astronauta
Bibliotecario	Bibliotekar
Biólogo	Biolog
Cirujano	Hirurg
Dentista	Zubar
Detective	Detektiv
Filósofo	Filozof
Fotógrafo	Fotograf
Ilustrador	Ilustrator
Ingeniero	Inženjer
Inventor	Pronalazač
Investigador	Istraživač
Jardinero	Baštovan
Lingüista	Lingvista
Médico	Lekar
Periodista	Novinar
Piloto	Pilot
Pintor	Slikar
Profesor	Učitelj
Zoólogo	Zoolog

Psicología
Psihologija

Cita	Sastanak
Clínico	Kliničke
Cognición	Spoznaje
Comportamiento	Ponašanje
Conflicto	Sukoba
Ego	Ego
Emociones	Emocija
Evaluación	Procena
Ideas	Ideje
Inconsciente	Nesvesno
Infancia	Detinjstva
Pensamientos	Misli
Percepción	Percepcije
Personalidad	Ličnosti
Problema	Problem
Realidad	Realnost
Sensación	Senzacija
Subconsciente	Podsvest
Sueños	Snove
Terapia	Terapija

Química
Hemija

Alcalino	Alkalne
Ácido	Kiseline
Calor	Toplote
Carbono	Ugljenik
Catalizador	Katalizator
Cloro	Hlor
Electrón	Elektron
Enzima	Enzim
Gas	Gas
Hidrógeno	Vodonik
Ion	Jon
Líquido	Tečnog
Metales	Metala
Molécula	Molekul
Nuclear	Nuklearne
Oxígeno	Kiseonik
Peso	Težina
Reacción	Reakcija
Sal	So
Temperatura	Temperatura

Restaurante #2
Ресторан № 2

Agua	Voda
Almuerzo	Ručak
Bebida	Napitak
Camarero	Kelner
Cena	Večera
Cuchara	Kašika
Delicioso	Ukusno
Ensalada	Salata
Especias	Začini
Fideos	Rezanci
Fruta	Voće
Hielo	Led
Huevos	Jaja
Pastel	Torta
Pescado	Ribe
Sal	So
Silla	Stolica
Sopa	Supa
Tenedor	Viljuška
Verduras	Povrće

Ropa
Odeća

Abrigo	Kaput
Blusa	Bluza
Bufanda	Šal
Camisa	Košulja
Chaqueta	Jaknu
Cinturón	Pojas
Collar	Ogrlica
Delantal	Kecelja
Falda	Suknja
Guantes	Rukavice
Joyas	Nakit
Moda	Moda
Pantalones	Pantalone
Pijama	Pidžame
Pulsera	Narukvica
Sandalias	Sandale
Sombrero	Šešir
Suéter	Džemper
Vestido	Haljina
Zapato	Cipela

Salud y Bienestar #1
Zdravlje i Vellness #1

Activo	Aktivan
Altura	Visina
Bacterias	Bakterija
Clínica	Klinici
Doctor	Lekar
Farmacia	Apoteke
Fractura	Prelom
Hambre	Glad
Hábito	Navika
Hormonas	Hormona
Huesos	Kosti
Medicina	Lek
Músculos	Mišića
Piel	Koža
Postura	Stav
Reflejo	Refleks
Relajación	Relaksacija
Terapia	Terapija
Tratamiento	Tretman
Virus	Virus

Salud y Bienestar #2
Zdravlje i Vellness #2

Español	Srpski
Alergia	Alergije
Anatomía	Anatomije
Apetito	Apetit
Caloría	Kalorija
Dieta	Dijeta
Digestión	Varenje
Energía	Energija
Enfermedad	Bolest
Estrés	Stres
Genética	Genetike
Higiene	Higijene
Hospital	Bolnica
Infección	Infekcije
Masaje	Masaža
Nutrición	Ishrane
Peso	Težina
Recuperación	Oporavak
Saludable	Zdrav
Sangre	Krv
Vitamina	Vitamin

Selva Tropical
Rainforest

Español	Srpski
Anfibios	Vodozemci
Botánico	Botanički
Clima	Klima
Comunidad	Zajednica
Diversidad	Raznolikost
Especie	Vrste
Indígena	Autohtonih
Insectos	Insekti
Mamíferos	Sisara
Musgo	Mahovina
Naturaleza	Priroda
Nubes	Oblaci
Pájaros	Ptice
Preservación	Očuvanje
Refugio	Utočište
Respeto	Poštovati
Restauración	Restauracija
Selva	Džungli
Supervivencia	Opstanak
Valioso	Vredne

Senderismo
Planinarenje

Español	Srpski
Acantilado	Klif
Agua	Voda
Animales	Životinje
Botas	Čizme
Camping	Kampovanje
Cansado	Umoran
Clima	Klima
Cumbre	Samit
Guías	Vodiči
Mapa	Mapa
Montaña	Planine
Mosquitos	Komarci
Naturaleza	Priroda
Orientación	Položaj
Parques	Parkova
Pesado	Teška
Piedras	Kamenje
Preparación	Priprema
Salvaje	Divlja
Sol	Sunce

Suministros de Arte
Umetnički Pribor

Español	Srpski
Aceite	Ulje
Acrílico	Akril
Acuarelas	Akvareli
Agua	Voda
Arcilla	Klej
Borrador	Gumica
Caballete	Stalak
Carbón	Ugalj
Cámara	Kamera
Cepillos	Četke
Colores	Boje
Creatividad	Kreativnost
Ideas	Ideje
Lápices	Olovke
Mesa	Sto
Papel	Papir
Pasteles	Pastela
Pegamento	Lepak
Silla	Stolica
Tinta	Mastilo

Tiempo
Vreme

Español	Srpski
Ahora	Sada
Antes	Pre
Anual	Godišnje
Año	Godina
Ayer	Juče
Calendario	Kalendar
Década	Decenije
Día	Dan
Futuro	Budućnost
Hora	Sat
Hoy	Danas
Mañana	Jutro
Mediodía	Podne
Mes	Meseca
Minuto	Minut
Momento	Trenutak
Noche	Noć
Semana	Nedelja
Siglo	Vek
Temprano	Rano

Tipos de Cabello
Tipovi Kose

Español	Srpski
Blanco	Beo
Brillante	Sjajna
Calvo	Ćelav
Corto	Kratak
Delgada	Tanak
Gris	Siva
Grueso	Debeo
Largo	Dugo
Marrón	Braon
Negro	Crna
Ondulado	Talasasta
Plata	Srebro
Rizado	Kovrdžava
Rizos	Lokne
Rubio	Plava
Saludable	Zdrav
Seco	Suva
Suave	Meka
Trenzado	Pleteni
Trenzas	Pletenice

Universo
Univerzum

Asteroide	Asteroid
Astronomía	Astronomije
Astrónomo	Astronom
Atmósfera	Atmosfera
Celestial	Nebesko
Cielo	Nebo
Cósmico	Kosmičke
Ecuador	Ekvator
Eón	Eon
Galaxia	Galaksija
Hemisferio	Hemisfere
Horizonte	Horizont
Luna	Mesec
Oscuridad	Tama
Órbita	Orbitu
Solar	Solarne
Solsticio	Solsticija
Telescopio	Teleskop
Visible	Vidljive
Zodíaco	Zodijaka

Vacaciones #2
Одмор # 2

Aeropuerto	Aerodrom
Carpa	Šator
Destino	Odredište
Extranjero	Strani
Fotos	Fotografije
Hotel	Hotel
Isla	Ostrvo
Mapa	Mapa
Mar	More
Ocio	Slobodno
Pasaporte	Pasoš
Playa	Plaža
Reservas	Rezervacije
Restaurante	Restoran
Taxi	Taksi
Transporte	Prevoz
Tren	Voz
Vacaciones	Odmor
Viaje	Putovanje
Visa	Viza

Vehículos
Vozila

Ambulancia	Hitnu
Autobús	Autobus
Avión	Avion
Balsa	Splav
Barco	Čamac
Bicicleta	Bicikl
Camión	Kamion
Caravana	Karavan
Coche	Kola
Cohete	Raketa
Ferry	Trajekt
Helicóptero	Helikopter
Lanzadera	Šatl
Metro	Metro
Motor	Motor
Neumáticos	Gume
Submarino	Podmornice
Taxi	Taksi
Tractor	Traktor
Tren	Voz

Verduras
Povrće

Ajo	Beli Luk
Alcachofa	Artičoke
Apio	Celer
Berenjena	Patlidžan
Brócoli	Brokoli
Calabaza	Bundeve
Cebolla	Luk
Ensalada	Salata
Espinacas	Spanać
Guisante	Graška
Jengibre	Đumbir
Nabo	Repa
Oliva	Maslina
Patata	Krompir
Pepino	Krastavac
Perejil	Peršun
Rábano	Rotkvica
Seta	Gljiva
Tomate	Paradajz
Zanahoria	Šargarepa

Enhorabuena

Lo has conseguido!

Esperamos que hayas disfrutado de este libro tanto como nosotros al diseñarlo. Nos esforzamos por crear libros de la máxima calidad posible.
Esta edición está diseñada para proporcionar un aprendizaje inteligente, de calidad y divertido!

¿Te ha gustado este libro?

Una Petición Sencilla

Estos libros existen gracias a las reseñas que se publican.
¿Podrías ayudarnos dejando una reseña ahora?
Aquí tienes un breve enlace a la página de reseñas

BestBooksActivity.com/Opiniones50

¡DESAFÍO FINAL!

Reto n°1

¿Estás listo para tu juego gratis? Los utilizamos siempre, pero no son tan fáciles de encontrar. ¡Aquí están los **Sinónimos**!

Escribe 5 palabras que hayas encontrado en los rompecabezas (#21, #36, #76) y trata de encontrar 2 sinónimos para cada palabra.

Escriba 5 palabras del *Puzzle 21*

Palabras	Sinónimo 1	Sinónimo 2

Escriba 5 palabras del *Puzzle 36*

Palabras	Sinónimo 1	Sinónimo 2

Escriba 5 palabras del *Puzzle 76*

Palabras	Sinónimo 1	Sinónimo 2

Reto n°2

Ahora que te has calentado, escribe 5 palabras que hayas encontrado en los Puzzles 9, 17 y 25 e intenta encontrar 2 antónimos para cada palabra. ¿Cuántos puedes encontrar en 20 minutos?

*Escriba 5 palabras del **Puzzle 9***

Palabras	Antónimo 1	Antónimo 2

*Escriba 5 palabras del **Puzzle 17***

Palabras	Antónimo 1	Antónimo 2

*Escriba 5 palabras del **Puzzle 25***

Palabras	Antónimo 1	Antónimo 2

Reto n°3

¡Genial! Este desafío final no es nada para ti.

¿Preparado para el reto final? Elige 10 palabras que hayas descubierto en los diferentes rompecabezas y escríbelas a continuación.

1.	6.
2.	7.
3.	8.
4.	9.
5.	10.

Ahora escribe un texto pensando en una persona, un animal o un lugar que te guste.

Puedes usar la última página de este libro como borrador.

Tu Composición:

CUADERNO DE NOTAS :

HASTA PRONTO !

Todo el Equipo

DESCUBRA JUEGOS GRATIS

GO

BESTACTIVITYBOOKS.COM/FREEGAMES